Berries

# ベリーの文化誌

ヴィクトリア・ディッケンソン 著
Victoria Dickenson

富原まさ江 訳

花と木の図書館

原書房

［……］は訳者による注記を示す。

極寒の地アラスカに実る野生のベリー

# 序　章　地上に現れた最初の果実

　私にとって晩夏の理想的な一日は、北大西洋に浮かぶニューファンドランド島［カナダ東端］の高台の沿岸で、岩場に茂るブルーベリーを摘んで過ごすことだ。ジュニパーやバルサムモミの木々が放つスパイシーな香りに包まれてしゃがみこみ、艶《つや》やかな緑の葉の間に隠れた藍色の小さな実の房を探す。木々の間を絶え間なく吹き抜ける風、カモメの鳴き声、そして籠《かご》にどんどん溜まっていく藍色の実。この場所に生《な》るのは、商業用の農場で2メートル近くある木を揺らして収穫し、機械で選別した水っぽい大粒の実とは別物だ。自分の手で茎から摘んでせっせと集めた、濃厚な味わいのブルーベリー。この実で作るおいしいパイやきれいな紫色のジャムからは、自然が放つ野生の香りが漂ってくる。

　自然に包まれてブルーベリーの実を摘むという感動的な体験に魅了されてきたのは私だけではない。アメリカの有名なナチュラリストで作家でもあるヘンリー・デイヴィッド・ソローは、人生の終盤になって何十年も前に実がたわわに生る畑を偶然目にした日の驚きを回顧している。

エリザベス・アデラ・フォーブス「ブラックベリー摘み」。1912年頃。油彩。キャンバス。

20、30年前に美しい果実の姿を見たときの光景を、今もまざまざと思い出す。立ち並ぶ新木の背後に人知れずびっしりと生った実、その豊かな房が日陰で垂れ下がり、地面をすき間なく青色に染めていた。カシやヒッコリーの新木の静かでみずみずしい緑の下にこのような幽玄な果実を発見し、私の胸は高鳴った。[1]

また、『火星年代記』（１９５０年）の著者レイ・ブラッドベリは、火星よりも身近な場所で少年時代に体験した、奇妙で不思議な感覚を覚えた出来事を半自伝的小説に綴っている。ここで少年が摘んでいるのはブルーベリーではなく、紫色のクマコケモモだ。彼の「指は緑の影の中に沈んでいき、緑色に染まって出てくる。まるで森を切り裂いて、その開いた傷口に手を突っこんだかのようだ」[2]。

野原や森に生る小さな果実を見ると幸福感を覚えるのは、いったいなぜだろう？　この大地の恵みは生垣に点在し、小道沿いに生り、森に絨毯《じゅうたん》のように敷き詰められ、高地を彩る。ベリーはどこにでもある身近な果実だが、同時に神話、伝説、民話、詩に頻繁に登場する特別な存在だ。そしてイギリスで夏に楽しまれるやわらかな果実、フランスの田園地帯の「畑の小さな果実（les petits fruits des champs）」、ソローが称えた「知られざるよろこび」でもある。

この甘く繊細な果実には多くの種類があり、世界各地に分布している。イチゴ、ブルーベリー、ビルベリー、ハックルベリー、ラズベリー、ブラックベリー（あまり知られていないがデューベリー、シンブルベリー、サーモンベリーなどもある）、熟した後も適度に霜に当てると甘みの増すクランベリー、赤スグリ、黒スグリ、そして忘れてはならない緑色のグーズベリー。さらには鳥専用のベリーだと勘違いしそうなパートリッジ（ヤマウズラ）ベリーやクロウ（カラス）ベリー、深紅のクラッカーベリー、純白のスノーベリー、変わった形の青いハスカップや、つやつやしたオレンジ色のクラウドベリー。こうしたベリーは摘むうちに指が果汁で染まり、しかも比較的低い場所に生るのでぎっくり腰になりかねない。樹木に生るベリーにはマルベリー、エルダーベリー、ドッグベリー、サスカトゥーンベリー、チョークベリー、イチゴに似たイチゴノキなどがある。さらに、ソローの言葉を借りるなら熱帯地方の「奇想天外な果実」。これは最近になってベリーの国際市場に登場した種類で、アサイーやゴジベリー、チャイニーズグーズベリーことニュージーランドのキウイフルーツなどを指す。

「ラズベリー」。1874年頃。多色石版。

植物学的にはややこしく、園芸学的には複雑で、多くは味の良いベリーは、地上に現れた最初の果実だ。

# 第1章　真のベリーと偽のベリー

植物学的にはベリーは「単一の花の子房《しぼう》から生成され、多くの種子を持つが核は持たない果実」と定義されるが、この美しい食用植物を愛する一般の人々にとってベリーとは、単に「丸くて甘い果実」だ。太古から食べられていたベリーの代表格はブドウだろう。小さな種を含んだ艶やかで丸くおいしい実は、古英語では「ワインベリー（win-berige）」と呼ばれていた。18世紀に近代的な分類法を確立した博物学者カール・フォン・リンネは果実を8種類に分類し、そのなかには「バッカ（bacca）」ことベリーも含まれていた。[1] baccae（bacca の複数形）はラテン語でベリーを意味し、現在も植物学上の定義による「真のベリー」の仲間を表すのに用いられるが、真のベリーには一般的な「ベリー」のイメージとはかけ離れたものもある。コーヒーやトマトの赤い実はベリーだと言われれば納得するかもしれないが、バナナをブルーベリーと同列に考えるのは少し違和感があるだろう。だが、厚い皮に包まれて緑色の大きな房で生るこの細長い果実は、いわゆる「真のベリー」だ。

また、摘み取ると実がつぶれて指が果汁で染まる、という繊細なイメージにはほど遠いが、キュ

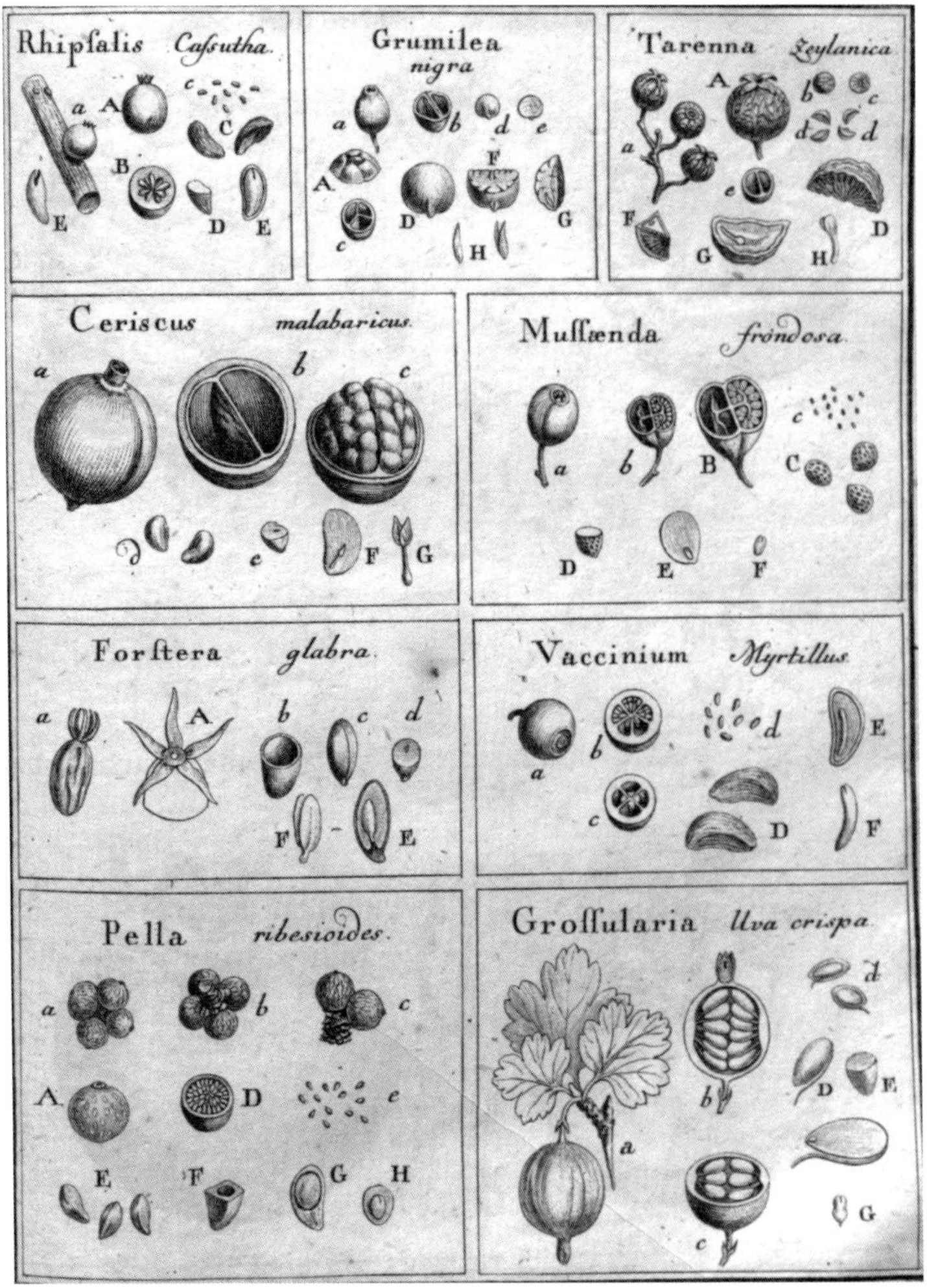


ヨーゼフ・ゲルトナー著『植物の果実と種子 *De fructibus et seminibus plantarum*』に掲載された「バッカ」ことベリーの挿絵

ウリやカボチャ、スイカなども植物学上はベリーであり、その果実は「ペポ（瓜果《かか》あるいは瓜状果《うりじょうか》）」と呼ばれる。ほかのベリー類と同様にこうした果実は熟しても裂果《れっか》せず、エンドウ豆のサヤのように実が裂ける明確な縫い目、いわゆる「脆弱性線」は持たない。

「真のベリー」はその小さな種が水気の多い果肉に包まれており、種はすんなり飲みこめるほど小さいものもあれば、歯や喉にひっかかる大きさのものもある。たとえばバナナやブルーベリーの小さな種は意識もせずに実と一緒に食べられるが、オレンジの種は吐き出すだろう。それでも、オレンジもベリー類に含まれる。厚い果皮が特徴の柑橘類は正真正銘のベリーであり、19世紀フランスのある植物学者によって「ヘスペリディウム」と名づけられた。これは「黄昏《たそがれ》の娘たち」と呼ばれる精霊が守る木に輝く、不思議な「ヘスペリデスの黄金のリンゴ」にちなんだ名称だ。[2]

バッカ、ペポ、ヘスペリディウム――呼び名が何であれ、「真のベリー」は単一の花の子房から生成されるが、ここでも植物学上の分類はあいまいだ。子房には上位子房と下位子房があり、ブルーベリーのように下位子房から生成される果実では花托筒《かたくとう》（がくや花冠《かかん》、雄しべの基部が合着し筒状となった細長い管）が実のように膨らむ。ブルーベリーはまさに私たちがイメージするベリーの代表だが、このように子房以外の部分が大きく発達することから植物学者はブルーベリーを「偽果《ぎか》」と呼ぶ。

さらに意外なことに、日常的に私たちが食べる「ベリー」の多くは、実際にはベリーではない。ベリー類のなかで最も有名なイチゴも偽果であり、子房ではなくその周囲の組織から発達した甘く赤い花托に小さな種子（瘦果《そうか》）が散在する。一般的にベリーと呼ばれる植物には、正確には核果《かくか》と

ムスクストロベリー（*Fragaria moschata*）の痩果

定義されるものもある。核果とは、モモやプラムのように大きな種が中心にひとつある典型的な果実だ。また、北アメリカ東部の海岸に生育する、香りが強く蠟《ろう》の原料にもなるベイベリーも薄い皮と肉厚の実、そして種子を保護する硬い殻（内果皮）を持つ典型的な核果だ。アボカドは「真のベリー」なのか「真の核果」なのかは、専門家のあいだでも見解が異なる。

もうひとつ、頭が混乱しそうになるベリーがある。子供が大好きな「核果の集合体」、ブラックベリーだ。水分を多く含むブラックベリーの粒は同じ花の別々の子房から生成されたもので、このような集合体は専門用語で「集合核果」と呼ばれている。ブラックベリーは黒くおいしい実の集合体だ。マルベリーはブラックベリーの近縁種と思われがちだが、そうではない。マルベリーは複合果と呼ばれ、小さな球状の実は複数の花の子房から生成されている。それが集まってひとつの果実のように見えるのである。

どれが「真のベリー」なのかを見た目で判断するのは難しいが、採集または栽培する側にとってベリーを分類する手がかりは外見と味覚だけで十分だ。一方、植物学者は果実のタイプや果実が属するカテゴリーについてなかなか意見を統一できず、実を判断材料にした異なる野生種間の関係性の確定にも苦戦している。リンネは賢明にも、植物の分類を実ではなく花に基づいて行った。花は儚《はかな》いが、野生植物間の関係を見極めるうえで信頼できる案内役になりうるからだ。対して実の場合、外見上は非常によく似ていても異なる科や、場合によっては異なる分類群に属するものが広く存在する。たとえばクワ科（*Moraceae*）のマルベリーとバラ科（*Rosaceae*）のブラックベリーの果実は、どちらもバラ目《もく》（当然ながら祖先種はバラだ）で、見た目はとてもよく似ている。分類上は科が異なるにもかかわらず、スペイン語ではどちらも「la mora」と同じ名で呼ばれるほどだ。[3]

このように学名と俗名が混同して使われていることは、人類がベリー（真のベリーであれ偽のベリーであれ）と関わってきた長い歴史を物語っている。人間の生活圏に生育する植物は、お腹をすかせた鳥や甘いものを好む哺乳類に種をばらまいてもらおうと考え、みずみずしく味の良いベリーをつけるようになった。この巧みな作戦は見事に成功し、この世界は植物が生い茂る豊かな地となったのだ。

## ●ベリーの進化

１８７７年、チャールズ・ダーウィンとともに自然選択の原理を確立したイギリスの博物学者アルフレッド・ラッセル・ウォレスは、果実の色の重要性について次のように考察した。

しかし、花や果実は明確で特徴的な色合いを持ち、その多くは種によって異なり、多かれ少なかれ植物の習性や機能と明らかに関連性がある。すでに指摘したいくつかの例外を除き、その色は一般的に「魅力的」と分類される。植物の種子は、発芽と成長に適した場所まで運ばれ、散布されなければならない。〔中略〕だが、多くの種子は食用果実の果肉に包まれている。鳥や獣はこの果実を食べるが、硬い種子は消化されずに胃を通過する。体温と湿りけにさらされることで、種は発芽に非常に適した状態になっているはずだ。

ウォレスが指摘したように、木のすぐ近くに落ちるリンゴは植物の繁殖戦略として最適とは言えないだろう。最適な成長を望むなら、種子は親植物からある程度離れた場所に散布されることが望ましい。風に乗って遠くに飛ぶ種子もあれば、移動範囲の広い協力者を必要とする種子もある。ウォレスは南アメリカ、マレーシア、イギリスでの観察に基づき、果実のあざやかな色は、果実やその種子を遠くに散布する媒介者となる生物を引き寄せるためではないかと考えた。

食用果実は、熟すにつれて必ずと言っていいほどあざやかな色を帯び、同時にやわらかくなり、多くの場合甘い果汁で満たされる。赤いサンザシ、黒いエルダーベリー、青いアメリカプラムやハイデルベリー、白いヤドリギの実やスノーベリー、オレンジ色のサジーなどは、食用であ

葛飾北斎「鵙（もず）翠雀（るり）虎耳草（ゆきのした）蛇苺（へびいちご）」。1834年頃。木版。

ることを色が示しているよい例だ。そして、世界のどの地域でもこれと同じ現象が見られる。〔中略〕鳥類や哺乳類がまったく食べない肉厚の色あざやかな果実というものは、おそらく存在しない。[4]

著作で果実の魅力的な色についてふれたウォレスは果実が進化するうえで色が重要な特徴となることを認識していたが、当時この考え方には否定的な見方が多かった。それから100年後、科学者は鳥やコウモリ、霊長類などの果食動物の行動がその果実に特有の性質をどのように決定づけ、また果実はどんな過程を経てさまざまな動物の「助け手」が好む味に変化したのかを、より詳細に研究し始めた。果実と果食動物の相互作用は、時間をかけて影響し合いながら進化した結果生まれたものだ。また、このような相互作用は、動物界と植物界というおよそ無関係だと思える界《かい》〔生物の分類学上において、分類群の最上位の階級〕同士でも起こりうることを示す例でもある。

人間や動物が果実の色を認識する要素には、果実の表面の反射率、周囲の光、そして見る側の感覚生理がある。ベリー類の基本的な色素は3種類で、そのほか果皮の性質や、一部の果実に見られる油脂性も色の認識に影響をおよぼす。ブルーベリーやブドウの色には薄いピンク色もあれば、深い藍色もある。濃い赤、青、黒、紫はアントシアニン、黄色、オレンジ、赤はカロテノイド、緑はクロロフィルの色だ。赤い果実のなかにはアントシアニンによるもの（イチゴなど）と、カロテノイドの影響でオレンジがかった赤になるもの（トマトなど）がある。多くの果実は熟すにつれてクロロフィルの量が減り、黄色からオレンジ、赤、そしてたいていは黒へと変化していく。

エレン・セイヤー・フィッシャー「ブラックベリー」。1887年頃。多色石版。

色が濃いほど熟度が高いことを示し、たとえば赤いブラックベリーはまだ熟していないし、サジーの黄色い実は硬く、オレンジであればやわらかい。色は、動物に「今が食べごろ！」と知らせる合図のようなものだ。鳥や獣は、たいていの果実は濃く暗めの色になったら果汁たっぷりの熟した状態だということを学び、最も甘くおいしいと思われる実を選んで食べ、自分のテリトリーに種をばらまく。

あざやかな色は緑の葉に埋もれたベリーを目立たせる効果もあるが、これは哺乳類のなかで特に果実を好むコウモリや霊長類よりも、鳥類にとって重要な意味を持つ。鳥類は背景の葉とのコントラストで目立つ青や黒、深紅の果実を好み、霊長類はグースベリーやアボカドなど深い森の下層部で熟す緑色の熱帯果実を好むからだ。また、夜行性の果食動物であるコウモリの場合、重要なのは色よりも匂いだ。

最近、スペインで地元の植物群落と特定の小型の鳥についての調査が行われ、やはり鳥はベリーが発信する「色」の情報をうまく利用していることが明らかになった。ズグロムシクイ（*Sylvia atricapilla*）とニワムシクイ（*Sylvia borin*）は常に色の濃い実を選ぶが、こうした実には脂質を多く含むという共通点がある。脂質は鳥が寒い冬や長距離の移動を乗り切るために必要な成分だ。アントシアニンの色素は脂質の存在を示す合図であり、鳥はその合図を読み取ることを学んでいることになる。[5]

色のほかにも、自力で移動できないベリーが繁殖の助け手となる生き物に情報を伝えるために得た特徴がある。実の大きさや形、種と果肉の割合、こうしたことも情報伝達の手がかりだ。コウモリ、鳥、霊長類（人間を含む）の果実の食べ方は「かじる」、「押しつぶす」、「飲みこむ」のいずれかだ。コウモリはかじるか押しつぶすことが多い。鳥や霊長類は果実と自らの体の大きさに応じて、少しずつかじったり、押しつぶしたり、丸ごと食べたりする。繁殖を願う植物にとっては、枝や日陰にやって来てその場で実を食べ、種を吐き出す助け手がいくらたくさん集まっても意味はない。理想的な種とは、果肉と一緒に食べられるほど小さいもの、べたべたしてくちばしにくっつくもの、あるいは丸ごと飲みこむほどおいしく栄養価の高い果肉に包まれたものだ。ラズベリーやブルーベリー、イチゴの種を歯でつぶして選り分けるという食べ方をする生き物はほとんどいない。それよりも水気たっぷりの実を丸ごと食べて後から種を別の場所に排泄するほうが簡単だし、繁殖という植物の目的も果たすことができる。

寒帯地域のツンドラに生育する小さなクロウベリー（*Empetrum sp.*）は、こうした持ちつ持たれつの関係をうまく利用している植物だ。クロウベリーの2種類の近縁種は地球の両端に生育している。ひとつはカナダ、アラスカ、アイスランド、グリーンランドに生育する*E.nigrum*、もうひとつはパタゴニア、フォークランド諸島に生育する*E.rubrum*。そのほかの場所ではほぼ生育せず、生物学者はこの極端な分布の理由として、ベリーを好む中期更新世《こうしんせい》［地質時代の区分のひとつで、77・4万年前から12・9万年前までを指す］の鳥の移動習性を挙げている。現代のチュウシャクシギやムナグロと同じく、この時代の鳥は毎年クロウベリーがたわわに生る地球の両端を行き来していたという。[6]

ヤドリギ（*Viscum sp.*）の繁殖は別の方法で行われる。肉質の実（植物学的には核果）に包まれた種子は、ビシンという粘着性物質で覆われている。ヤドリギの実を主食とするヤドリギツグミ

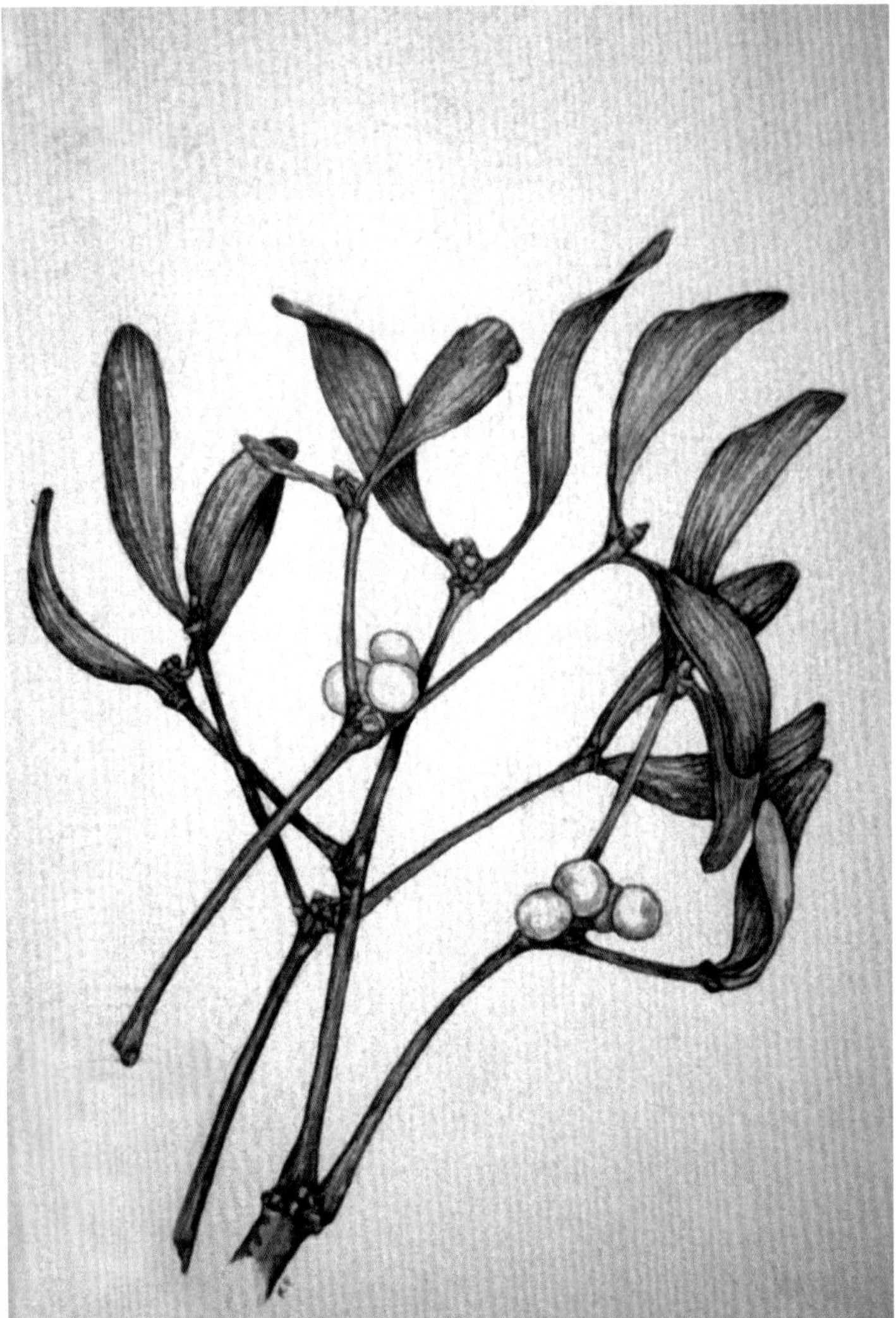

キャスリン・ボール「ヤドリギ」。2000年。水彩。

（*Turdus viscivorus*）などの鳥は果肉を押しつぶして種子と選り分けながら食べるため、ねばねばした種がくちばしに付着する。きれい好きなツグミがほかの木の枝でくちばしを拭うと種は樹皮に貼りつき、そこから芽が出て新たなヤドリギが育つのである（かつて人間はヤドリギの実で鳥もちを作っていた。これを枝に塗り、ヤドリギツグミも捕まえていたかもしれない）。

一度に7個のパパイヤを食べることが確認されているオオヒクイドリのような果食動物は、果実を種ごと丸飲みする。[7] また、サイチョウのように果実を喉袋《のどぶくろ》に入れて移動し、離れた場所で後から食べる果食動物もいる。移動による繁殖という点ではアオバト亜科の鳥も同様で、種子を数時間内臓にとどめておき、遠くの止まり木まで飛んで新たな土地で種を排泄する。

コウモリは熟した果実の匂いに惹かれると先述したが、人間もまたベリーが放つ匂いで熟度を判断することができる。メロンは匂いで熟しているかどうかがわかると言われているし、真っ赤に輝くイチゴ畑はじつに良い香りがする。[8] 最近の研究では、熟した果実がとりわけ強い匂いを放つのは、哺乳類に「今が食べごろ！」という情報を伝えることに特化して進化したからではないかと考えられている。[9] また、そこまで強くはないが哺乳類が敏感に反応する匂いもある。熟した果実はエタノールを発生させ、低濃度であっても近くにいる霊長類はその匂いを感知するのだ（ついでに言えば虫も同じだ。熟したバナナを買って帰ったら元気なミバエもついてきた、という経験はないだろうか？）。エタノールと果実の糖度には相関関係があり、人間も含め霊長類はもともと甘いものに惹かれる生き物だ。

中南アメリカに生息する齧歯《げっし》類のアグーチも同じらしく、あるヤシ植物の実を大量に食べてその繁殖に大いに貢献している。甘いエタノールの匂いを放つ黒油ヤシ（*Astrocaryum standleyanum*）の実が地面に落ちるとアグーチはそれを嗅ぎつけ、離れた場所まで運んで土に埋めて、後から大きな種をものともせずに食べるのだ。もっとも、埋めたまま掘り返さないことも多く、忘れられたヤシの実の種は親木から少し離れた場所で新たに発芽する。[10]

ときたま酔っぱらったような鳥が窓にぶつかったり、枝でふらふらしたりしているようすが報告されるが、それは鳥がエタノールを偶然摂取したせいかもしれない。冬の終わりから春の初めにかけて、北アメリカに生息するヒメレンジャクやコマドリは秋に茂みや木に生ったままのブラックベリー、ローワン、ジュニパーのあざやかな房をついばむ。凍っていた実が溶けて醗酵が進むと糖分はアルコールに変わるため、食べすぎた鳥は酔っぱらってしまうのだ。

ヒメレンジャクが食べるのはほぼ果実だけなので、果実に含まれるアルコール分を分解できるように肝臓が大きく発達している。それでも、そ嚢《のう》［食道の一部が膨らんで食物を一時的に溜めこむ器官］に蓄えられた大量の果実が醗酵を続けるとその能力も限界に達し、泥酔したのと同じ状態に陥ってしまう。最悪の場合になると死に至ることもあり、果実と果食動物の関係は望まぬ結果に終わるというわけだ。[11]

## ●偉大なるベリーの仲間たち

人間の祖先である霊長類がベリーを食べるようになって以来、現在も人間は食べるのに好ましいベリーとそうでないものを選り分けている。人間が採集したり、栽培して収穫した後に世界各地に出荷したりする「小さな果実」は、分類としては園芸ベリーに分類される。厳密に言えば園芸とは果樹園や菜園での生産を意味するが、ベリー類の「果樹園」は、この果実を愛したヘンリー・デイヴィッド・ソローが著作に記したように、広大な沼地や生垣、苔むした森をも含む。

こうして、夏の午前中は部屋で読書や書き物にいそしみ、午後には野原や森に出かけ、気が向くままに豊かで人里離れた人跡未踏の沼地に足を踏み入れると、たわわに生った大粒の美しいビルベリーが私を迎えてくれる。これこそが本当の果樹園だ。[12]

野生のベリーのなかには果樹園に移植され、長い年月をかけて栽培または品種改良されたものもあれば、栽培に適さなかったり、野生で豊かに実るためにあえて栽培する必要がないと判断されたりしたものもある。果実を愛する人間に選ばれ、北京からブリストルまで世界中の市場で取引され、屋台やスーパーマーケットで売られる多種多様なベリーは、偉大なる被子植物の世界に属する農産物だ。

ベリーは1種類の科から派生する顕花《けんか》植物（花を咲かせる植物）ではない。長い時間をかけ、さまざまな祖先を持つ植物がそれぞれの生育環境に合った場所に種子を散布し、発芽を成功させるために進化を遂げてきたのだ。ベリーの大部分は顕花植物の主要なふたつのグループ、バラ類とキク類に分けることができるが、食用ベリーの世界はこのふたつの仲間だけで成り立っているわけではなく、たとえばキンポウゲ目に属するバーベリーなどもある。もっとも、バラ目、キク目、キンポウゲ目は被子植物の同じクレード、真正双子葉類《しんせいそうしようるい》に属している。クレードとは共通の祖先を持つ生物群のことで、ベリーと呼ばれる果実のなかにはまったく別のクレードの植物に生るものもある。たとえばバナナ（植物学的には「真のベリー」であり、ショウガ目に属するショウガの仲間）や最近流行のアサイーベリー（ヤシ目ヤシ科の果実）はどちらも単子葉植物であり、ラン、ユリ、アルムと同じクレードに属している。[13]

## ◉バラの仲間——ほかのどんな名前で呼ぼうとも

バラ類で果実が生る植物にはさまざまな目《もく》があり、瓜果《かか》とミカン状果も含まれている。その改良品種であるメロンや柑橘類は身近な果実だ。瓜果にはメロンだけでなく、キュウリ、ヒョウタン、スイカ、そして世界最大の果実であるカボチャも含まれる。[14] ミカン状果には代表的な柑橘類であるオレンジ、レモン、ライムのほか、タンジェリン、ザボン、グレープフルーツ、キンカン、クズ、マンダリンなどが挙げられる。[15] また、つる性植物の果実もバラ類の仲間だ。ツタ、リアナ、クリーパーなどあらゆる種類のつる性植物には巻きひげがあり、その実はブドウ目に属するが、なかでも熱心に栽培されているのはヨーロッパとアジア南西部が原産のヨーロッパブドウ（*Vitis vinifera*）だ。北アメリカにはフロスト、リバーバンク、サマー、ロック、マスカダイン、フォックスなど、その植物を説明するかのような魅力的な名前のブドウの固有種が生育している。

リバーバンクブドウ（*V. riparia*）を発見したのは、ヴァイキングで探検家でもあった赤毛のエイリークの息子レイフ・エリクソンだと言われている。彼は海を隔てた未踏の地に上陸して「ヴィンランド」と名づけたが、そこに豊かに実っていたのがリバーバンクだったという。北アメリカではコンコードという名でも知られているフォックス（*V. labrusca*）もリバーバンクと同様、アメリカ東海岸に入植した初期のヨーロッパ人にとっては豊かな暮らしを期待させるものだった。残念ながらこのブドウには「キツネ（フォックス）臭」と呼ばれる土臭さがあり、故郷の果樹園を思わせるテロワール（産地特性）を期待していた入植者たちを失望させた。

ヨーロッパには、伝説的な豊穣の果実として知られているベリーが3つある。たわわに実る艶《つや》やかなブドウ、皮をむくと光沢のある果肉が姿を現す果汁たっぷりのオレンジ、そしてみずみずしい実を持つエロティックなメロン――いずれも数えきれないほど多くの静物画や寓意画に描かれてきた果実だ。これまでさまざまな論文や書籍、詩の題材としても頻繁に取り上げられてきたこの3種類には今回はご遠慮いただき、本書ではもっと素朴な果実――野原や森に生育し、茂みや枝、大地に生る甘くみずみずしい小さな果実にスポットを当てることにした。

バラ目バラ科の植物が人間と密接な関係を持ちながら進化してきたことは、人間がこの果実の香りや味を昔から愛してきたことからも明らかだ。リンゴもモモもナシもプラムも、外見からはぴんとこないがすべてバラの仲間になる。またバラ科には、植物学的には「真のベリー」ではないが、最も有名で広く栽培されている果実も含まれている。たとえば偽果のイチゴ（*Fragaria sp.*）と小核果の集合体であるブラックベリーとラズベリー（いずれも *Rubus sp.*）は、バラ科で最も好まれる三大果実だ。これらのベリーは世界中に分布し、南極を除くすべての大陸で生育している。いずれもバラの特質を受け継ぎ、5弁の花、縁がぎざぎざの葉、そして同じキイチゴ属のブラックベリーと

ピーター・キャスティールス3世の絵をもとにヘンリー・フレッチャーが制作した彩色銅版画「6月」(「12か月の花」コレクションより)

ラズベリーは鋭いトゲを持つ。

特に森や生垣に生るブラックベリーは、採集しにくいことで有名だ。トゲで洋服が破れたり肌を引っかいたりすることもあるし、指は果汁でベタベタになり、濃い紫色に染まってしまう。ヨーロッパ原産のブラックベリーは地域によっては外来種と見なされており、密生したトゲの茂みを形成して在来植物を排除し、地域の生態系を危険にさらす。[16]

一方、イチゴにはトゲはないが繁殖力が非常に強いことで知られており、細いひも状の茎が果樹園の地面を這うようにどんどん伸びて子孫を残そうとする。古英語では、地面や草むらに伸び放題に生えるという性質から streawbergan（「一面を覆うベリー」の意）と呼ばれていたが、その語源については議論の余地がある。他のヨーロッパ言語や古サクソン語ではイチゴは earthberi（「大地のベリー」の意）と呼ばれているが、これは顔を地面すれすれに近づけて野イチゴを摘んだ経験のある人なら納得する表現だろう。[17]

*Rubus* 属はアメリカ大陸、ヨーロッパ、アジアに自生する複雑な属で、12以上の亜属と数百種の種があり、そのほとんどが、少なくとも表面上は果樹園でよく見かけるブラックベリーやラズベリーによく似た形をしている。[18] 両者の違いは摘み取るという単純な行為によって判別でき、ブラックベリーは芯が実についたまま摘み取れるが、ラズベリーの芯は枝に残る。そのためラズベリーは傷みやすく、出荷や取り扱いの際には注意が必要だ。ブラックベリーはすべての実が木質茎につくわけではなく、パシフィックブラックベリーとも呼ばれるアメリカ産デューベリー（*R. ursinus*）をはじめ、いくつかの種は地面に這うようにして生育し、ヨーロッパ産デューベリー（*R. caesius*）はまっすぐ

ヘンリー・ノエル・ハンフリーズの絵をもとにした「デューベリー、ブラックベリー、北極ラズベリー、クラウドベリー」のリトグラフ画。pl.32。ジェーン・ウェブ・ルードン著『イギリスの野生の花々 *British Wild Flowers*』（1846年）の挿絵。

上方に伸びる。こうした果実は豊かな房にはならず、単独で成長することが多い（そして、コバエのいる地域では栽培に苦労する）。

豊かな房を形成するエビガライチゴ（別名ワインラズベリー、*R. phoenicolasius*）は、ときにデューベリーとも呼ばれるためややこしいが、成長した実は粘着性のある毛で覆われるという特徴を持つ。シンブルベリー（*R. parviflorus*）は北アメリカ原産で、名前の由来は摘み取って中心が空洞になった小核果がシンブル（指ぬき）に似ているからだ。似た特徴を持ち、やはりシンブルベリーと呼ばれる果実に北アメリカ原産のブラックラズベリー（別名ブラックキャップ、*R. occidentalis*）や、もともとはヒマラヤ原産で現在はプエルトリコやカリフォルニアで野生化しているローズリーフブランブル（*R. rosifolius*）などがある。

実の色について言えば、すべてのブラックベリーが黒でラズベリーが赤というわけでもない。サーモンベリー（*R. spectabilis*）は、その名のとおり金色からオレンジ色まで何段階かの色があり（赤や黒の場合もある）、北アメリカ北西部沿岸の先住民はサケ（サーモン）と一緒にこの実を食べていた。フィンランドをはじめとするスカンジナビア諸国、ニューファンドランド島やカナダ東部で珍重されている愛らしいクラウドベリー（*R. chamaemorus*）は、この属の変わり種だ。[19] 熟す前は濃いオレンジがかった赤（ブラックベリーに似ている）、熟すとオレンジゴールド、熟れすぎてやわらかくなる頃には淡いゴールドになるクラウドベリーは湿った草地や泥炭地の地表に自生し、ひとつの雌株にひとつの実をつける。ほかの多くの仲間とは異なり雌花と雄花を別々の株につける雌雄異株《しゅういしゅ》で、繁殖には雄株と雌株の両方が必要だ。

一方、多くの *Rubus* 属は通常は受精を伴わず、子房内の卵細胞が自ら受精する「アポミクシス」として知られる無性生殖によって繁殖する。[20] アポミクシスで生まれた植物は親と同じ遺伝子を持つクローンであり、園芸家にとってはよろこばしいことに親植物の最良の特徴を受け継ぐことになる。だが園芸家はそれに満足せず、*Rubus* 属に手を加えて厳選された種をかけ合わせ、人工的ではあるが味のよい交配種を多く作出した。例を挙げると、ローガンベリー、ボイゼンベリー、テイベリー、マリオンベリー、ヒルダベリーなどがある。こうした品種改良の歴史は第4章で紹介しよう。

同じバラ類でもイチゴは本来 *Rubus* 属ほど複雑ではなく、イチゴが属する *Fragaria* 属は約20種に限られる。ただし、繁殖に関してはかなり複雑だと言えるだろう。[21] 野生のイチゴは染色体の数によって14本（2倍体、つまり7本の染色体が2セット）から70本（10倍体、つまり7本の染色体が10セット）まで6グループに分けられる。中世から歌や詩に詠まれ、世界中に分布しているワイルドストロベリー（*Fragaria vesca*）や緑の実をつけるクリーミーストロベリー（*F. viridis*）は2倍体、イギリスでは「オートボア」という名で知られるヨーロッパ原産のムスクストロベリー（*F. moschata*）は42の染色体を持つ唯一の6倍体種だ。西半球原産の2種、西部沿岸に生育するチリストロベリー（*F.chiloensis*）と東部沿岸のバージニアストロベリー（*F.virginiana*）は、いずれも8倍体（56本）となる。

倍数性（複数の染色体を持つ性質）は一般的に生命力や繁殖能力に関係するが、*Fragaria* 属では最も染色体の少ない2倍体であるワイルドストロベリーが世界各地で繁殖している一方、染色体を多く持つ種は限られた地域にのみ生育する。たとえば、イトゥルプストロベリー（*F. iturupensis*）は

ワイルドストロベリー（*Fragaria vesca*）。エストニアのパクリ半島にて。

70本もの染色体を有しているが、日本とロシアの間にある千島列島の択捉島《えとろふとう》（ロシア名はイトゥルップ）でしか見ることはできない。

植物学とは別の観点から見ても、イチゴの染色体数の違いは興味深い。初期の植物育種家にとって倍数性は複雑な問題であり、異種間の交配でなぜ結実しないのか、またたとえ結実したとしてもその実の種子はなぜ繁殖しないのかを解明することができなかった。また、イチゴは顕花植物ではめずらしく雌雄異株《しゆういしゅ》で、生殖には雄株と雌株が必要だ（ただし、種によっては自家受精できる「理想的な」花が咲く）。初期の多くの園芸家は結実しない植物の雄株を生産能力がないとして排除したが、その結果イチゴの収穫量は惨憺たる結果になった。だが、時とともにイチゴの雌雄異株という性質を利用して最良の苗が交配されるようになり、驚くほど多くの品種が誕生することになる。

オランダイチゴ（*Fragaria* x *ananassa*）の「理想的な」花

ただし最も初期の有名な交配は偶然の産物だった。チリ産とバージニア産という「新大陸」のイチゴはどちらも8倍体だが、フランスの同じ果樹園で栽培したところ2種の花粉が偶然混ざり合った。ロンドンにあるチェルシー薬草園の園長だったフィリップ・ミラーが、著作『園芸事典 *Gardener's Dictionary*』の1759年版でこの2種を親に持つイチゴについて初めて記述している。18世紀後半には、この2種を親に持つオランダイチゴ（*Fragaria* x *ananassa*）、別名「パイン」がヨーロッパ中の果樹園で栽培されるようになっていた。親植物と同じ8倍体で、パイナップルのような香りと形の果実は当時人気が高かったという。しかも、この交配種は雌雄同株《しゆうどうしゅ》であり、親植物の特徴を維持したまま種から栽培することが可能だった。パインは一般的なイチゴの母種であり、果実と人間の力が融合した結果でもある。

ブラックベリー、ラズベリー、イチゴだけでなく、バラ科の樹木や灌木には甘くて丸い「ベリー」が生るが、キイチゴやオランダイチゴと同じく、それが植物学的に「真のベリー」とは限らない。ローワンベリー（マウンテンアッシュ）、サービスベリー（サスカトゥーンベリー）、チョークベリー（物騒な名前だが、アロニアという別名もある［「チョーク」には「窒息する」という意味がある］）、ホーリーベリー、ホーリーベリー（hollyberry。ハリウッドHollywoodの名前の由来となったアメリカ原産のベリー）、オソベリー（インディアンプラム）、そしてスロージンに使われるスローの実はすべてバラ亜科（*Maloideae*）に属している。

このような果実の多くは、同じグループに属するリンゴやナシと同じように液果《えきか》［中果皮《ちゅうかひ》または内果皮《ないかひ》が多肉質で水分が多く、やわらかい果実］またはナシ状果だが、野原や生垣などに生る一般的なベリーに見た目が似ているためベリーと呼ばれる。クワ科のマルベリーもバラの仲間だ（少なくともバラ目に属している）。クワ科の樹木や灌木に生る「実」は、産地によって白、赤、黒などに色づく。ホワイトマルベリー（*Morus alba*）は東アジア、ブラックマルベリー（*M. nigra*）は南西アジア、レッドマルベリー（*M. rubra*）は北アメリカ東部が原産だが、果実の味のよさと葉（特にホワイトマルベリー）が蚕《かいこ》のエサとなることから、世界中で植栽されるようになった。

### ●キクの仲間

庭や野原でおなじみのキクは、キク類の氷山の一角にすぎない。この顕花植物の亜綱《あこう》［生物の分

マルベリー（*Morus alba*）

類の階級のひとつで目《もく》の上に位置する」にはアマランサス、ディッソディア、パースレイン、ポークウィード（インクベリー）ピンク、サボテン、ソバ、そしてベリー好きには嬉しいことに、１２４の属と４２５０以上の種から成る大きな分類群であるツツジ目ツツジ科も含まれる。スコットランド高地のヘザーと同じく、この分類に属する植物はたいてい荒地や沼地の表土に育つが、なかには樹木や灌木に成長する種もある。薄い酸性土壌でも問題なく成長して毎年花や実をつけるのは、根に含まれるさまざまな菌《きん》根菌《こんきん》［菌根を作って植物と共生する菌類］が光合成によって炭水化物を得る代わりに植物に窒素を供給するという、持ちつ持たれつの関係があるからだ。この幸せな共生関係は約１億４千万年前に生まれ、南極大陸を除くすべての大陸で、しかもほかの多くの植物が生息できない高冷地にも根を張ることができた。

草地、荒れ地、灌木、茂みとさまざまな場所で実をつけるベリーのなかで、人間や獣が特に好む3つのグループがある。ブルーベリー（*Vaccinium sp.*）とその近縁種ハックルベリー（*Gaylussacia sp.*）とビルベリー（*Vaccinium myrtillus*）はいずれもスノキ亜科（*Vaccinioideae*）で、ここにはクランベリー（*Oxycoccos* 亜属）やリンゴンベリー（*Vaccinium vitis-idaea*）も含まれる。スカンジナビア諸島で珍重されているリンゴンベリーは、カナダのニューファンドランド島ではパートリッジベリーと呼ばれてパートリッジ（ライチョウ）のエサとなるほか、人間も実を摘んでおいしいシロップやジャム、ケーキ、飲料の材料に重宝している。

小さな白い実をつける繊細なクリーピングスノーベリー（*Gaultheria hispidula*）は、フランスの探検家サミュエル・ド・シャンプラン（1567～1635年）がヌーベルフランス［フランス植民時代の北アメリカ大陸］を旅した際に食べ、その味と食感をバナナのようだと記した。[22] また、ウィンターグリーンとも呼ばれる芳香性のチェッカーベリー（ティーベリー *G. procumbens*）も同じグループだ。アメリカ北西部沿岸には、ハイダ族をはじめとする先住民が何千年にもわたって採取してきた近縁種サラール（*G. shallon*）が自生している。

カラス（クロウ）やウグイスはもちろん、イヌイットやサーミなど多くの北方民族にも愛されているクロウベリーが属するのはツツジ亜科（*Ericoideae*）だ。見た目は美しいが有毒なシャクナゲやアザレアなどもツツジ科に含まれる。イチゴノキ（*Arbutus unedo*）（スペインでは「エル・マドロニョ」と呼ばれ、マドリード市の紋章にクマとともに描かれている）は、見た目は真っ赤なイチゴのようだが味はややイチジクに似ている。イチゴノキはイチゴノキ亜科（*Arbutoideae*）で同じ亜科にはベ

メアリー・デラニー「黒いビルベリー（*Vaccinium myrtillus*）」。1776年。黒インクの背景に色紙と水彩絵の具で制作したコラージュ。

イチゴノキ（*Arbutus unedo*）のクローズアップ

ア（クマ）ベリー（*Arctostaphylos uva-ursi*）も含まれる。

　ベアベリーは北アメリカでは「キニキニック」というリズミカルな名前で呼ばれており、先住民はこの葉を乾燥させて煙草のように吸っていた。スペイン語で「小さなリンゴ」を意味するマンザニータは、北アメリカ南西部やカナダのブリティッシュ・コロンビア州の高地に広がるチャパラル［常緑の低木林］に自生する*Arctostaphylos*属の植物だ。

　ブルーベリーやクランベリーはベリーを代表する存在であり、アジアからアメリカまで広く栽培されて親しまれているが、ツツジ目のなかには「小さな甘い果実」というイメージとはかけ離れた「真のベリー」も多い。たとえば、サポジラ（*Manilkara zapota*）は、ジャマイカでは果実の形がよく似ているメドラーのスペイン語「ネスペラ（néspera）」から「ネイズベリー（naseberry）」と呼ばれているが、これもオレンジ色の果肉がおいしい「真のベリー」だ。ツツジ目マタタビ科には中国を原産とする木質のつる性植物があり、うぶ毛のある茶色い実は俗にモンキーピーチと呼ばれている。もっとも、現在ではニュージーランドにちなんでつけられたキウイフルーツ（*Actinidia deliciosa*）という名のほうが有名だろう。

キウイフルーツは「チャイニーズグースベリー」と呼ばれることもあるが、本物のグースベリーとその近縁種であるスグリは、キウイフルーツとはまったく異なる目の植物だ。低い茂みを作るスグリや枝にトゲの多いグースベリーがセダムやマンネングサと同じ祖先を持つとは想像にしくいが、いずれもユキノシタ目（*Saxifragales*）に属している。ユキノシタ目スグリ科（*Grossulariaceae*）の唯一の属である *Ribes* 属には約160種があり、赤や黒のスグリやグースベリーももちろんこの属に含まれる。果実にトゲがあるものはグースベリー、なめらかなものはスグリに分類されることが多く、どちらも温帯地方の果実だ。

*Ribes* 属は北アメリカ、南アメリカのアンデス山脈の尾根沿いの地域、ヨーロッパ、アジアを原産とする。イギリスはグースベリーの実をできるだけ大きくする取り組みを熱心に行い（後述）、シャンパンのようだと称える人もいたほど「ぴりっとした」風味のグースベリーワインを生み出した国だ。大きな分類群であるキク類に属するエルダーベリーの実はワインやコーディアルの原料となり、花はエルダーフラワーシャンパンの原料になる。エルダー（*Sambucus sp.*）とその近縁種ビバーナムは、毒性があるにもかかわらず古くから人や鳥、獣の食料になってきた。この植物は花と熟した果実（種子を除く）以外の部位はすべて有毒であり、またアメリカンクランベリーブッシュとも呼ばれるビバーナムトリロバム（*Viburnum trilobum*）は、果実を大量に摂取すると胃を痛める。この2

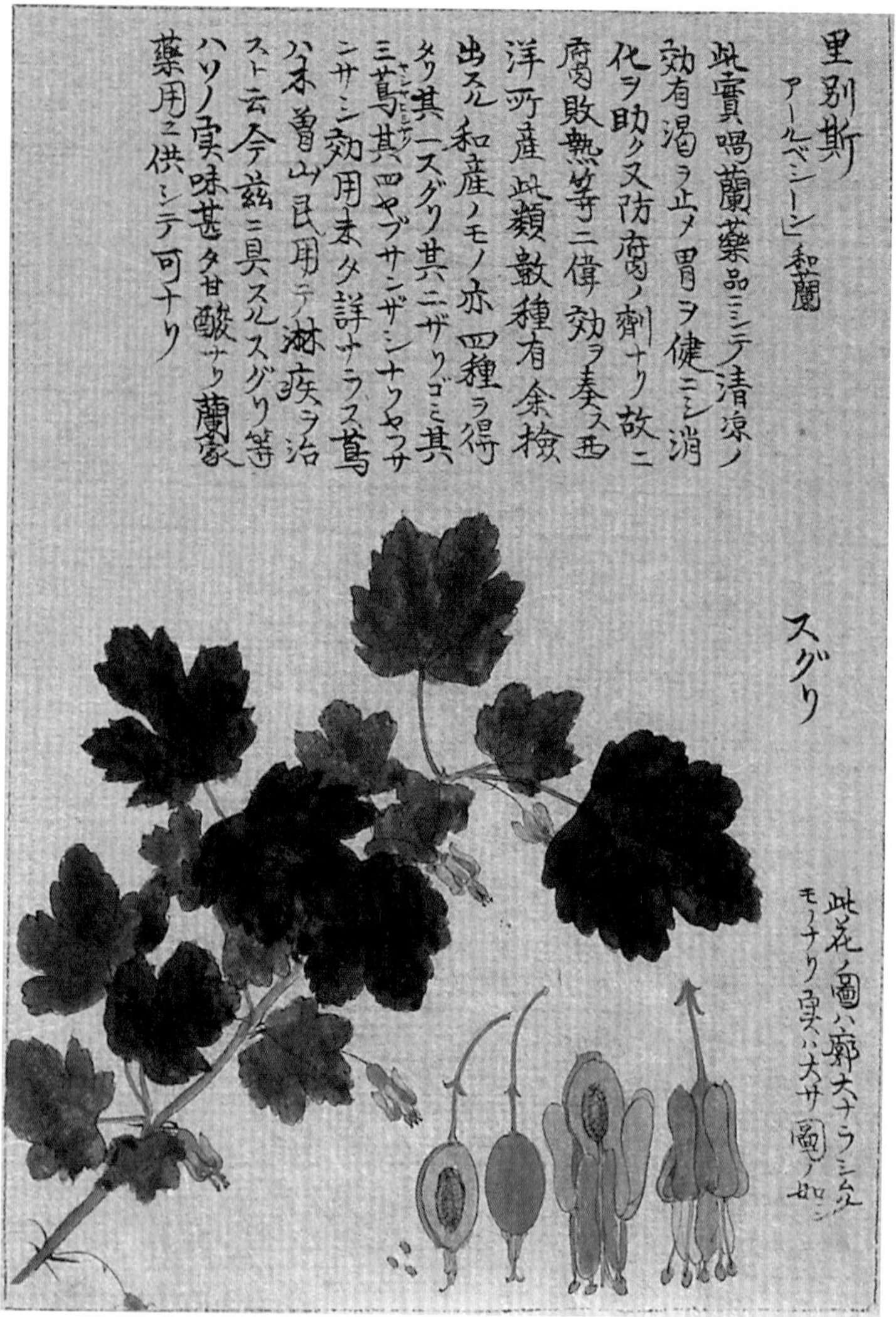


果実とキノコ類を説明する日本の画集より「スグリ」の項。19世紀。水彩。

種類のベリーをつける灌木は、食用ベリー市場に比較的最近登場したマツムシソウ目（*Dipsacales*）スイカズラ科の植物だ。アイヌ語を語源に持つ藍色の奇妙な形の実、ハスカップは現在北アメリカでも栽培されており、「日本では古くから『不老長寿の秘薬』として知られていた」と宣伝され、「栄養満点の果実」として称賛されている。[23]

## ◉悪魔の実

ツツジ目の近縁種であるナス目の植物のなかには、世界の食文化に欠かせないベリーに似た実をつけるものが多くある。南アメリカ原産のトマト（*Solanum sp.*）は15世紀末にヨーロッパに輸入され、同じく南アメリカ原産で中が空洞の実をつけるトウガラシ（*Capsicum sp.*）とともに地中海料理を一変させた。トマトは茂みだけでなく木にも生る。ツリートマト（別名タマリロ *Solanum betaceum*）はアンデス山脈が原産で、エクアドルで人気の「アヒ」という辛いソースに欠かせない原料だ。現在では、アフリカ、インド、ネパール、中国、オーストラリア、ニュージーランドなど、ほぼ世界中で栽培されている。

オーストラリアでは、やはりナス目のパムプラム（*S. aviculare*）が樹木（または低木）に育ち、俗に「カンガルーアップル」として知られている。この国では何種類もの「ブッシュトマト」が食べられているが、そのなかにはアボリジニの人々が古代から採集していた「砂漠のレーズン」（*S. centrale*、アボリジニ語で kutjera）と呼ばれるトマトもある。

ナス目の実を食べるときには注意が必要だ。１３００種を超える *Solanum* 属はナス科最大の属で、

ロンドンにある英国内科医師会の薬草園に生育するホオズキ（*Physalis alkekengi*）

ベラドンナ（*Atropa belladonna*）の実。チェコ共和国の首都プラハにあるカレル大学の植物園にて。

代表的な植物にナス、ジャガイモ（緑色の有毒な小さな実をつける）、ケープグースベリー（*Physalis peruviana*、ゴールデンベリーとも呼ばれる）、そしてケープグースベリーの近縁種で食用ではなく観賞用に重宝されるホオズキ（*P. alkekengi*、フランス語でアムール・オン・カージュ〈籠の中の愛〉と呼ばれる）などがある。[24]

　ヨーロッパの果樹園で栽培が始まって以来、トマトとナスは長い間敬遠されていた。[25] 理由はナス科の仲間で悪魔の実とも言われるベラドンナ（*Atropa belladonna*）を連想させるからで、ベラドンナの甘く黒い果実は魔女の好物と言われていた。ベラドンナはヨーロッパや中央アジアに生育する最も毒性の強い植物のひとつだ。北アメリカでは帰化種が生育しており、同種には毒性がやや弱いブラックナイトシェード（*Solanum nigrum*）、ビタースウィート（*S. dulcamara*）、エルサレム（別名ウィンターチェリー *S. pseudocapsicum*）などがある。どの植物の実も美しくあざやかな色をしており、ヴィクトリア時代の医者は「都会に住む子供は特に気をつけなければ大変なことになる」と注意をうながしていた。彼らは田舎の子供と違い、幼い頃に食用の実と毒性のある実の見分け方を学ぶ機会がなかったからだ。

田舎の人々はたいてい有害な実と無害な実の見分け方を早くから学び、子供はよちよち歩きやおしゃべりを始めると同時に伝統的にこの知識を得る。しかし、都会で育った多くの子供はそうではなく、大人でさえ果実と聞いて思い浮かべるのは街や店頭で売られているものだ。彼らは食べてはいけない果実の存在を知らないため、たまに田舎を訪れると生えているものを何でも摘んでしまい、ときに悲惨な目に遭うことになる。[26]

田舎から離れた場所で育つ子供たちが増えるにつれ、「備えあれば憂いなし」をモットーとするボーイスカウトでは、田舎道を歩きまわる団員の安全を守るための策を講じるようになった。1920年代、インペリアル・タバコ・カンパニーの支社オグデンズ・シガレットは毒性を持つ一般的な植物の実を描いたシガレットカード［宣伝を目的としてタバコの箱に同封されたカード］を団員に提供している。[27] 現在スカウトに所属する少年少女たちは、「白と黄色は仲間を殺す。紫と青は体に良い。赤には敵も味方もいる」というリズミカルな警句を教えられる。[28] もちろん、その毒性を十分にわかったうえでベリーを毒殺の手段に使う場合もあるだろう。アガサ・クリスティ作品に登場する謎解き

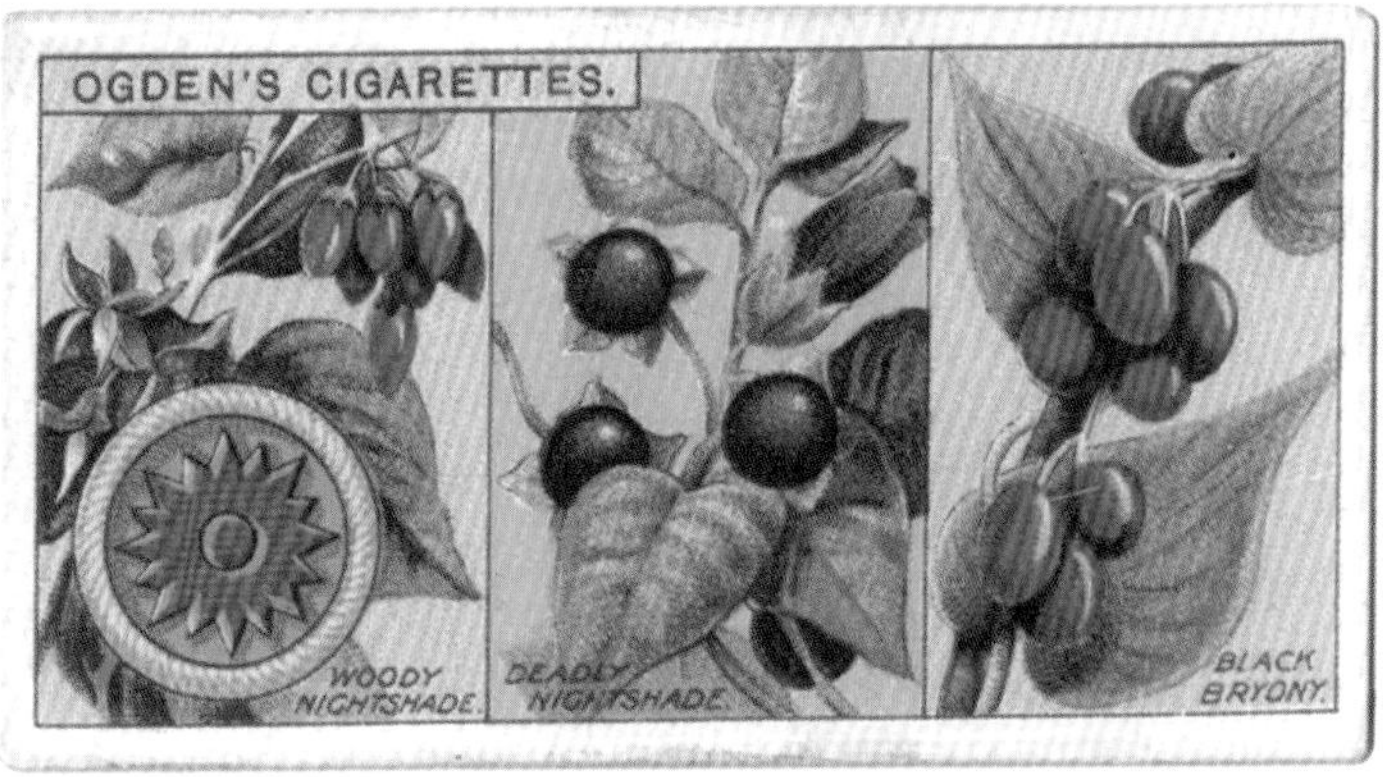


「毒のあるベリー」。オグデンズ・シガレットが発行したカード。「ボーイスカウト向けカード50枚入り　第3シリーズ」の135番。

の名人ミス・マープルは『カリブ海の秘密』（1964年）［永井淳訳／早川書房］のなかで、殺人犯が妻の精神が病んでいると思わせるためにベラドンナを使用したことを突き止める。

悪人の手にかかると命取りになりかねない実はナス科の植物だけではない。クリスマスの三種の神器であるヒイラギ、ツタ、ヤドリギにも毒を持つ実が生るし、香りの良いスズランや、ブドウと混同しがちな黒い房をつけるポークウィード（*Phytolacca americana*）、その特徴にふさわしい名前のベインベリー（baneberry）［baneには「死、破滅」の意味がある］（またはドールズアイ、*Actaea sp.*）、華やかなアメリカンビタースイート（*Celastrus scandens*）なども有毒だ。キュウリやカボチャの近縁種ブライオニー（*Bryonia sp.*）というつる植物も、見た目は愛らしいが毒性の実をつける。

古代ケルト人の宗教ドルイド教において聖なる木とされるイチイや、チャイナベリー（*Melia azedarach*）は観賞用として普及しているが、そのあざやかな果肉に包まれた種子には毒性がある。もっとも、鳥はこの実を平気で食べてうまく種を吐き出す（つまり、植物の繁殖という使命をきちんと果たしてくれる）。ジュニパー（*Juniperus sabina*）の実はジンの風味づけに使用されるが、なかには毒性の実をつけるものもある。また、マルベリーやエルダーベリーの熟す前の実は危険で食べることはできないし、バックソーン（*Rhamnus cathartica*、別名パージングバックソーン Purging Buckthorn。食べるとどうなるかは名前が物語っている［purge には「下剤」の意味がある］）のブラックベリーに似た液果も避けるべきだ。

毒性を持つ植物は多い。目を引く外見や味の良さが果実を広く分布させる大きな要素になっているように、毒は昆虫や欲張りな果食動物に食べ尽くされないよう植物を守る役目を担っているのだ。だがありがたいことに、食べられるベリーは世界に数えきれないほど存在する。そして人間がどのベリーを選び、口にするかは味覚の好みだけでなく、それぞれの文化のなかで育まれた想像力にも根差しているのだ。

# 第2章　ベリーの文化

こうした野生の果実の価値は単に所有し、食べることではなく、見て楽しむことにもある。それは、「fruit（果実）」という言葉の語源がラテン語で「利用され、愛でるべきもの」を意味するfructusであることからも明らかだ。もしそうでなければ、ベリーを摘みに行くことと市場にベリーを買いに行くことはほとんど同じ体験となってしまう。もちろん、部屋の掃除にせよカブを引き抜くことにせよ、楽しめるかどうかは本人の気持ち次第だ。モモは間違いなく非常に美しく口当たりの良い果物だが、市場に出すために収穫するのは、自分が食べるためにハックルベリーを摘むことに比べるとかなり現実的で想像力を欠く作業と言える。

――ヘンリー・デイヴィッド・ソロー『野生の果実』より

ベリーは二面性のある果実だ。自由に摘み取ることができるがその作業は骨が折れるし、摘みたてはおいしいがあっという間に痛んでしまう。また、生命力が強く外来種となるものが多い一方、栽培化に適さないものも多い。人類がベリーを消費、利用してきた長い歴史は、遺跡に残る痕跡や世界各地の民間伝承と古い言語のなかに見ることができる。その一方で、トゲに守られ、地表にうずくまるように生るベリーを摘むのはひと苦労だったし、水気が多く傷みやすいため摘んだ後に別の場所に運ぶのも困難だった。実が熟す時期は遅くなることもあれば早まることもある。豊作の年もあれば凶作の年もある。とにかくベリーが生る場所を見つけ、最適の時期を見計らって収穫するしかない。つい最近まで、ベリーはその土地の精神の本質を象徴していた。ソローが指摘したように、ベリーの収穫は単なる物理的な体験ではなく、人間の想像力を刺激する行為だったのだ。

## ◉アルカディアにて

古代、ほかの生き物と影響し合いながら蜜月関係にあったベリーは、マナ〔旧約聖書で、神が飢えたイスラエルの民に天から降らせたという食べ物〕とまではいかないまでも、それに近い存在だった。聖書の天地創造では、神は3日目に地に果実の生る植物を生えさせたとされる。古代ローマの詩人オウィディウスは、その著作でオルフェウスが歌によってさまざまな植物を生み出すようすを書いた。

神の血を引くこの吟遊詩人がここに座って竪琴の音を奏でると、たちまち木々が現れて陰ができた。姿を現したのはカシの木、〔中略〕実をつけたセイヨウヒイラギ〔中略〕、ほっそりとしたタマリスク、2色の実が生るギンバイカ、紺色一色の実をつけたビバーナム。まといつくツ

神が植物や花を創造する場面を描いた、クンラドゥス・シュラッペリッツィによる全面細密画。1445年。

ルーカス・クラナッハ（父）「黄金の時代」。1530年頃。油彩。パネル。

タ、巻きひげを持つブドウ、そのツルで覆われたニレの木が後に続く。それからマウンテンアッシュ、エゾマツ、赤い実をたわわにつけたイチゴノキが[1]——

それは時の神が支配する「黄金の時代」であり、人々は耕すことも種をまくこともせず、実り豊かな大地から糧を得て無邪気に暮らしていた。1世紀初頭に描かれた『変身物語』のなかで、オウィディウスは紀元前8世紀にギリシャの詩人ヘーシオドスが記録した天地創造の物語をさらに発展させている。中世やルネサンス期に賞賛されたこの作品は、乳やハチミツの川が流れ、果実が実る豊かな楽園のイメージを多くのヨーロッパ人の心に定着させた。

最初に現れたのは黄金の時代だった。〔中略〕
大地そのものも無理強いされることはなく、

鍬《すき》や鋤《くわ》でふれられることもなく、自ら必要なものをすべて与えていた。そして人々は求めずとも得られる食べ物に満足し、ヤマモモや、野山のイチゴ、ミズキ、トゲを持つ木にたわわに生るベリー、そして生い広がったカシの木から落ちたドングリを集めた。[2]

甘美な恵みの実を食べた人々は、邪悪な思いや欲とは無縁だった。多少なりともそうした欠点を持っていた子孫とは違って戦争もせず、家から遠く離れたり7つの海を渡ったりすることもなく、自分の取り分以上のものを欲しがることもなかったのだ。ただし、肉欲に抗うことはできず、この点でもベリーの役割は大きかった。オウィディウスとほぼ同時代のローマの詩人ルクレティウスは『変身物語』の約50年後に『事物の本性について』［小池澄夫訳／瀬口昌久訳／岩波書店］を書いているが、この「世界における華やかなりし揺籃《ようらん》期」は、少なくとも男性にとっては自由恋愛の時代でもあった。

そして、ヴィーナスは森の中で恋人たちの体を結び合わせた。女は男と同様に欲望の虜になったか、男の激しい力と情熱的な欲望にとらわれたか、あるいはドングリやイチゴノキ、極上のナシなどの禁断の果実を与えられたかのいずれかだった。[3]

このように、ベリーはかなり初期から西洋の思想において「無垢」と「欲望」という、ときに相反するふたつの概念と結びついていた。

## ◉無垢

ベリーは土地を耕さずとも育ち、また穀物や肉とは違って食べる前に加工する必要もない。まさに神々の食べ物であり、子供や自然に親しんで原始的な生活を送る人々、貧しさゆえに自然の惜しみない恵みに頼っていた高潔で素朴な人々——つまり「無垢な者」にぴったりの食料だった。ヨーロッパの文化には、早くからベリーと幼い子供を結びつける概念が存在していた。6月24日の聖ヨハネの日には子供がイチゴ狩りに出かけるのが恒例であり、イチゴが聖母マリアにまつわる神聖な果実と見なされている地域ではイチゴ摘みの間は聖母マリアが子供たちを守っていると言われていた。聖母マリアの加護を必要とするのは、香り高いイチゴには危険も潜むという思想によるものだ。古代ローマの詩人ウエルギリウスは著作『農耕詩』第3巻でイチゴの葉に潜む「冷たいヘビ」について警告しているし、中世にはイチゴの葉に絡みつくエデンの園のヘビは腐敗の象徴になった。こうした背景から、イチゴ摘みという無垢な楽しみに隠れている悪魔とその悪行から子供を守るという概念が生まれた。

また、子供たちにとってイチゴ摘みは別の危険もはらんでいた。イチゴは傷みやすく儚いが、それを摘む子供たちも同様だった。ドイツでは、イチゴは幼くして亡くなり天国に召された子供の象徴であり、その姿はイチゴ（花か実かは不明）のなかにかくれているとされていた。悲しみに暮れる母親たちは、わが個が天国で食べるはずのイチゴを奪うことになるのではないか、最悪の場合わが子をイチゴごと食べてしまうのではないかと心配し、聖ヨハネの日にイチゴを食べることを控え

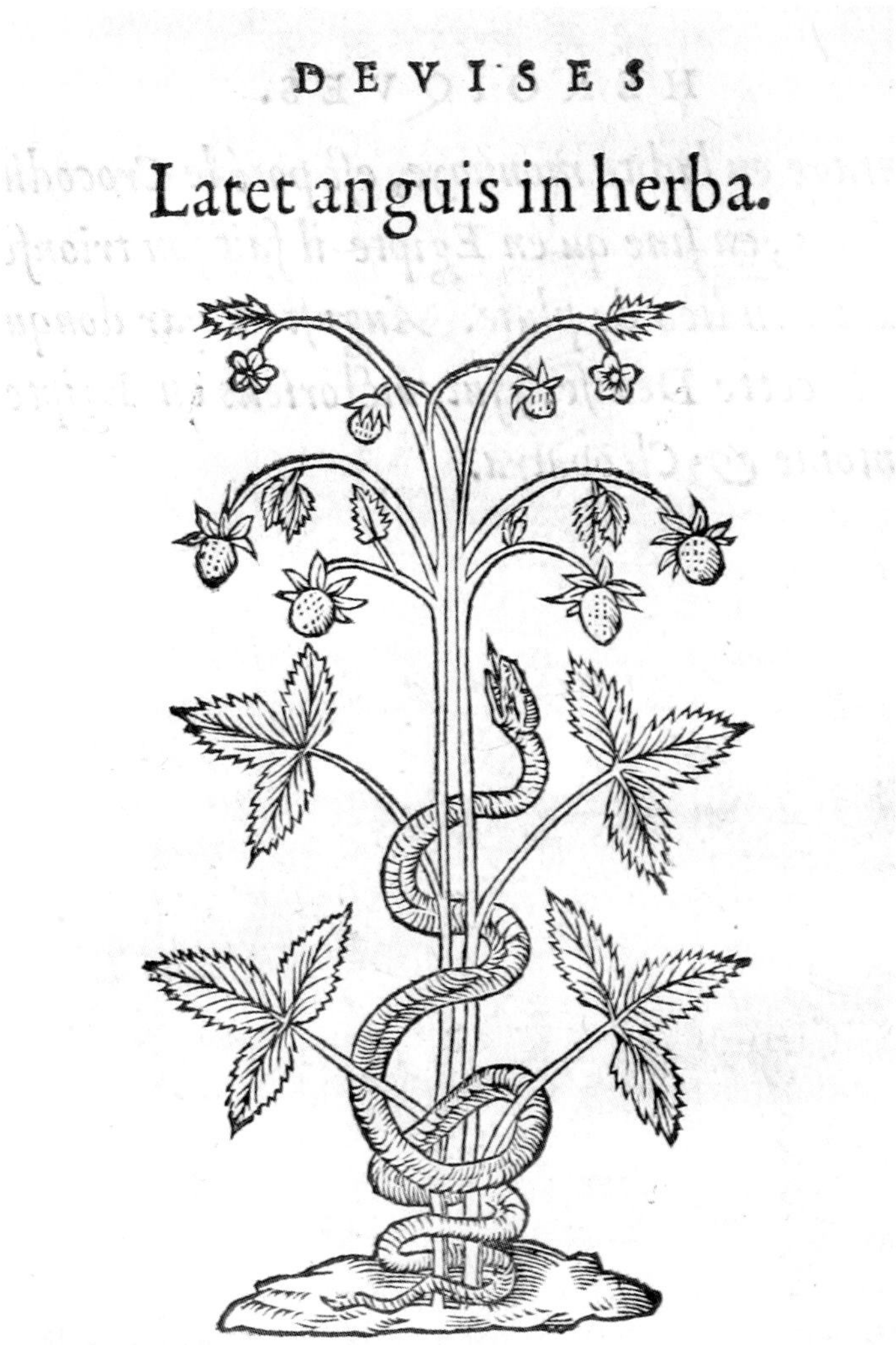
DEVISES
Latet anguis in herba.

クロード・パラダン「草むらに潜むヘビ」。木版。『英雄の標章』（1577年版）より。

ジョシュア・レノルズの「イチゴ摘みの少女」をもとにした、トーマス・ワトソンのメゾチント版画。1774年。

ウィンスロー・ホーマー「野生のブラックベリー摘み」。1880年。木版。

たという。こうした話にヒントを得たのか、イギリスの挿絵画家シシリー・メアリー・バーカーは、『花の妖精たち　アルファベット』［白石かずこ訳／ほるぷ出版］の「S」のページで、イチゴ（strawberry）を「赤と白のパーティードレス」を着た愛らしい子供の姿で描いている。[4]

　ブラックベリー摘みも子供の楽しみと見なされており、生垣や丘の中腹でブラックベリーを摘む少女少年を描いた19世紀の絵画や版画が数多く残されている。また、野生の果実を採集する楽しみを描く児童書も多く出版された。

> 子供にとってブラックベリー摘みほど楽しいものはないと思いますが、それは当然です。気持ちのいい野原や森で、土手をよじ登ったり下ったりしながら、あざやかな色のきれいな実を籠に入れ、それと同じくらい多くの実をその場で食べるのはじつに心浮きたつ経験です。多少服が破れたり、

手を引っかいたり、果汁で汚したりするかもしれませんが、それも楽しみのひとつと考えればいいのです。[5]

子供たちは、「9月29日のミカエル祭の前日以降は、この黒い果実を採ってはいけない」と教えられた。悪魔（アイルランドでは、いたずら好きの妖精プーカ）がブラックベリーに唾を吐いたり、小便をかけたりして食べられなくするからだ。[6] ブラックベリーにも、イチゴと同様に不吉なイメージがある。グリム兄弟の「ヘンゼルとグレーテル」からロシアの「ゆきむすめ」まで、数えきれないほどの悲劇的なおとぎ話は、かわいい子供が深く暗い森にベリー摘みに行かされるところから始まる。最も悲劇的な物語は、間違いなく貧しい兄妹が迷子になる「森の幼な子 Babes in the Woods」だろう。１５９５年に通俗詩として世に出たこの人気の高い物語は17世紀から19世紀にかけて何度も形を変えて出版され、１８７９年にはランドルフ・コールデコットが挿絵を描いて有名になた。物語は、悪賢いおじが親の財産を受け継いだ幼い甥と姪の死を望むところから始まる。何度も危険な目に遭ったあげくに兄妹は暗い森のなかに迷いこみ、苦労して手に入れた果実を食べたにもかかわらず最後は命を落とす。

可愛い唇が、ブラックベリーで
染まって黒くなる
暗い夜がくると、ふたりは

座りこんで泣きじゃくった

朝になるとムネアカコマドリがやってきて、ふたりの小さな死体を布の代わりにイチゴの葉で覆う。[7]

ビルベリー（ヨーロッパ原産のブルーベリーの一種）も子供たち（たいていは農村の貧しい子供）が収穫していた。ヴィクトリア朝の詩人たちが描いた牧歌的な絵とは裏腹に、彼らにとってベリーは自給自足の食生活の一部だった。
さあ！　ビルベリーが生る場所に行こう
その美しい緑の茂みで
ルビー色の鐘形の実が微笑んでいる荒涼たる自然のなかで
目指すは　人里離れた荒れ地
私たちは夜明けに起きて出発する
若い農夫が次々と集まり出した
夜明けとともに、私たちは出発する
ビルベリーの生る荒れ地をめざして[8]

一方、アメリカではビルベリーは単なる食料以上の存在だった。野生の果実をこよなく愛したへンリー・デイヴィッド・ソローはベリーがもたらす美徳がこの国を支えていると考え、野生の果実のおいしさだけでなく、その道徳的価値について熱く語った。ハックルベリーに関する未発表の講演録のなかで、彼はつつましいベリーに惜しみない賛辞を送っている。[9] ハックルベリーとその近縁種であるブルーベリーはアメリカの典型的な果実だと彼は感じ（マーク・トウェインが生み出したハックルベリー・フィンが、多くの点で典型的なアメリカ人であるのと同じように）、こうした実は「国のいたるところに生い茂っている。滋養に富み、豊かで、自由に手に入る。これこそ神々の食べ物だ[10]」と書いた。そして、この野生の恵みを集めることは、単なる子供の遊び以上の行為だった。

数年後、一日中仕事から解放されたときには自由と冒険心を感じながらバケツを手に野原を突っ切り、遠くの丘や沼に向かったことをよく覚えている。あのときに感じた自分自身の存在の広がりを、世界中のすべての英知と交換しようと言われても私は断る。解放と広がり、それはすべての文化が手に入れようとする果実だ。[11]

ソローは、ハックルベリーの丘で下働きをして「かなりの修行を積んだ」と記し、この経験は「私が受けたなかで最高の学校教育」だったと主張している。「そこにはまさに大学があり、昔から受け継がれてきた法律や医学、神学を学ぶことができた[12]」。彼はまた、ベリー摘みはアメリカで生きるのに必要な何かを教えてくれると信じていた。自分が住む土地に生る果実は、外国から輸入された果実が決してできない方法で想像力をかき立てる。彼は、パイナップルやオレンジをその味では

カナダのノバスコシア州パーズボロ近郊に広がる野生ブルーベリーの原野

なく、ニューイングランド人にとって何も学ぶことがないという点で嫌っていた。

ニューイングランドの果物は貧弱で取るに足りず、外国の果実は上等で記憶に残るものだと考えてはならない。どんな果実であっても、この地方で採れる果実は土地の人々にとってほかのどんな果実よりはるかに大切だ。こうした果実は、この地で暮らすにはどうすればいいかを教えてくれる。私たちにとって、パイナップルよりも野生のイチゴ、オレンジよりも野生のリンゴ、ココナッツの実やアーモンドよりもクリやヒッコリーの実のほうが重要だ。ただおいしいというだけでなく、この地方の教育に役立っているのだから。[13]

彼は野生だった土地が個人所有となり、そこに生るベリーが所有者の「奴隷」となって子供や地元の人々には手が届かなくなることを嘆いた。「人間に畑のベリーを採集させないということは、すなわち健康や幸福、ひらめきなど、ベリーそのものよりもはるかに上質で高貴な多くの果実を見逃すことになるからだ」[14]。ソローにとって在来種の果実は、採集する人々に道徳的価値観を教え、植えつける機会を与えるだけでなく、主の晩餐であるパンとワインに匹敵するものだった。

移動しながら果実を採食する動物のように、人間も結局は自然との関わりのなかで生きている。野原や丘は、常に広げられている食卓だ。無数のベリーの皮には動物を元気づける健康的な飲み物、強壮薬、あらゆる種類と品質のワインが詰まっていて、動物たちはことあるごとにそれを思う存分飲んでいる。ベリーが与えてくれるのは豊富な食べ物というより、自然とともに過ごすピクニックという社交の場のように思われる。私たちは自然に思いを馳せながらベリーを摘み、口にする。それはいわば主の晩餐だ。ヘビが食べろと誘惑する「禁断の果実」ではない。そのほのかで無垢な味によって自然は私たち人間と関わり、もてなし、慈悲と加護を与えてくれる。[15]

ベリーをはじめとする果実の「無垢な味」を堪能するのは、新アルカディア人［アルカディアには「理想的な田園」という意味がある］の特権でもあった。彼らは帝国の周縁部、足を踏み入れるのが困難な北の地や海を越えた新世界で原始の自然に親しんで暮らした人々だ。古典文学には、そうした「単純な」楽しみについて多く書かれている。古代ローマの博物学者、大プリニウスは著書『博物誌』で歴史家ヘロドトスの言葉を引用しつつ、北風の彼方の国に住む祝福された民族、ヒュペルボレイオス人と同族のアリマスポイ人に言及した。アリマスポイ人は、カラムブキス川（現在のロシアの都市アルハンゲリスク近くの白海に注ぐドビナ川だと見なされている）沿いの木立に住み、氷で覆われたアルカディアで野生のベリーを食料にしていた。[16] 同じく北の地であるフィンランドのラップランド地方は、ソローが「太陽がイチゴを赤く染める力を持つとはとても思えない、薄明かりしか差さない土地」と表現したが、じつはこの地も香り高い果実に恵まれていた。「たわわになる実の汁で、トナカイの蹄や旅人のソリが汚れるほどであった[17]」。

だが、それも新大陸に入植した初期のヨーロッパ人が目にした野生のベリーが生い茂る大地とは比べものにならない。17世紀にメリーランド植民地でミサを行ったアンドリュー・ホワイト牧師の言葉を引用しよう。「そして最後に、このメリーランドがどれだけ豊かな地であるかを述べておきましょう。ここにはイチゴ、ラズベリー、落ちたマルベリーの実、ドングリ、クルミ、サッサフラスなどが敷き詰められ、それらを踏まずには一歩も歩くことができないほどです[18]」

こうした豊かさにふれた作家たちは、アメリカの荒野に失われたアルカディアを見出した。特にイチゴは、ソローにとって「この国の最初の紅、夜明けの紅、そしてオリンポス山の大地でのみ育つ一種のアンブロシア（神々の食べ物）」だった。[19] 頻繁に探検調査を行った18世紀の植物学者ウィリアム・バートラムは、アメリカ南東部を旅した際に馬の足を赤く染めるイチゴ畑の光景にある種の恍惚感を覚えた、と記している。１７７６年、先住民のチェロキー族が住む土地を旅した彼はこう述べた。

緑の草原とイチゴ畑が広がる、えも言われぬ景色を楽しんだ。曲がりくねった川が勢いよく流れ、それぞれの曲がり角には緑で覆われた丘陵地帯が広がり、花々や実り豊かなイチゴ畑が刺繍のように広がっている。そこをシチメンチョウの群れがのんびりと歩き、シカは草原を飛び跳ね、丘を駆け抜けていく。無垢なチェロキーの乙女たちの姿も見える。ある者は香り豊かな果実を集めるのに忙しく、ある者はすでに籠をいっぱいにして自然が作った香りのよい小部屋のごとき木陰で寝そべっている。そこに咲くのはマグノリア、アザレア・フィラデルファス、芳香を放つカリカンサス、愛らしいカロライナジャスミン、濃い空色のアメリカフジだ。美しい乙女たちはくつろいだようすでそよ風に吹かれ、冷たい小川の流れに手や足を浸している。一方で、陽気にはしゃぐ乙女たちはイチゴを集めたり、仲間を無邪気に追いかけたりふざけたりして、唇や頬を豊かな果実から滴る果汁の色に染めていた。[20]

これほど牧歌的で、黄金の時代を彷彿とさせる光景がほかにあるだろうか？　だが、この新大陸ですら、原始のイチゴ畑は文明の波に押されてどんどん失われていった。かつてニューハンプシャーの草原に絨毯のように敷き詰められていたこの赤い果実は、19世紀にはソローが嘆いたように、たわわに生るベリーの果汁が草原を走る馬やバッファローの蹄を染めるという「北の冷たい岸辺」か「アシニンボイン族［アメリカ北部からカナダ南部にかけて定住する先住民］の平原」に行かなければ手に入らなくなっていた。[21]

アルカディアは栽培の進化に支配されてしまったかもしれないが、素朴な田舎暮らしを選んだ人々

コーネルベリー（*Cornus mas*）

の生活にはどこか牧歌的な余韻が続いていた。あの素朴な夫婦、バウキスとピレーモーン〔ギリシャ神話あるいはローマ神話に登場する老夫婦〕は貧しい暮らしを送りながらも、予期せぬ来訪者たちのために神々をもてなすかのごとく精いっぱいのごちそうをふるまう。

バウキスは卓の上に、知恵の女神ミネルヴァが生み出したオリーブの若い緑色の実と熟した実、ぶどう酒の澱に漬けた秋のミズキ、さらにはエンダイヴ〔キク科の野菜〕とダイコン、とろりとしたチーズ、中温の灰の中で軽くあぶった卵など、すべてを土器に盛って供した。〔中略〕こうして木の実やイチジク、乾燥したナツメヤシ、プラムや香りのよいリンゴ、ツルからもいだばかりの紫色のブドウなどが大きな籠に盛られ、卓の中央には白く輝く巣蜜が置かれていた。[22]

じつは、この来訪者は本物の神々だった。そして彼らを遠ざけた罪深い村人たちはすべて水没させ、純真で寛大なこの老夫婦の命を助けたのだ。古代の夫婦バウキスとピレーモーンは、ソローが「ハックルベリーの連中」と呼んだ「新しい異端者」の先駆者だ。

昔、町から離れた荒れ地に住んでいた人々は、町では浸透している考え方を受け入れるのに積極的ではなかったため、悪い意味で「異端の連中」と呼ばれていた。同じように、現代の荒れ地であるハックルベリーの牧草地に住む私たちも大都市の考え方を取り入れるのが遅く、ひょっとしたら「ハックルベリーの連中」などと呼ばれているかもしれない。

「ハックルベリーの連中」は堕落した文明の誘惑から遠ざかり、自然に親しんで暮らし、「先住民が住んでいた頃と同じように、今でも丘を埋めつくす」豊かな果実を食べて「鳥のように」暮らしていた。

すべての茂みや低木が実をつけている。道の両脇はまさに果樹園だ。大地には新鮮なブラックベリー、ハックルベリー、シンブルベリーがたわわに生っている。実が摘まれた痕跡も採集者の姿もない。岩を覆う葉の下から、黒く輝く大粒の実が私をのぞきこんでいる。

この「田舎のエデンの園」は、「乳とハックルベリーの地」だ[23]［聖書でイスラエルを「乳と蜜の地」と表現する］。だが、「ハックルベリーの連中」の多くは高潔であると同時に貧しかった。アメリカの詩人ロバート・フロストは「ブルーベリー」という作品で、旅先の田舎で出会った倹約家のロレン一家について「彼らは『野生のベリーを食べて』育った――まるで鳥のように」と描写している。それを聞いた「私」は、「それは素敵な生き方だ」と応じる。彼らは「自然が与えてくれるものをただ受け取り、鍬や鋤を使って恵みを強要したりはしない[24]」。それはあらゆる自然の語りかけに耳を傾けながら暮らす、寓話のような夢の日々だ。フロストの数十年前に生まれたアメリカの詩人ラルフ・ウォルドー・エマーソンもまた、賢者の果実をつるから摘み取るときにこの自然の声を聞いた。

## 人々の言葉は真実かもしれない

自然は恐ろしい荒れ地であり、
優しげな顔で人間を騙し、容赦なく襲いかかってくると
私は牧草地を横切り、
川辺を歩きながらそんなことをつぶやいた
ブラックベリーのつるが茂る光景にふと足を止め、
黒く光る甘い実を食べるうち
楽しい空想にとらわれる
私は尋ねた。「いったいどんな力が、私を選んでこのような美しい夢を見せたのだろう?」
つるは答えた。「私の果実をつくられた神が、何の力もお与えにならなかったと思っているのか?[25]」

### ●欲望

イチゴ畑に座っている魅力的な聖母は「実りの聖母」として知られている。聖母マリアと同様に慎み深く（高い場所ではなく地表を好むという意味で）いい香りを放つイチゴは、堕落前のエデンの園にあった植物のひとつで精霊の実とされ、正義の象徴でもある。一方で、イチゴはヴィーナスの果実とも言われる。きらめく赤い色とハート型の実、芳香と束の間の甘さを持つイチゴは媚薬であり、見かけの清らかさとは反対に艶《なま》めかしい。16世紀イングランドの詩人エドマンド・スペンサーは『妖精の女王』のなかで、恋人のことをこう表現している。「かの人の唇にキスしようとしたと

モノグラム画家〈ケルンのPW〉の「聖アンナと聖母子」をもとにした作品。制作者不詳。フランドル地方の祈禱書より。1500 ～ 1520年頃。

き（僕はなんと幸せ者だろう）、甘い匂いのする花畑にいるような気がした」。恋人の唇はアラセイトウの香り、頬はバラを思わせ、「美しい胸はイチゴ畑のようだ」[26]。恋人たちはイチゴを贈り合い、それが結婚への大きなきっかけとなる。何世代にもわたり、子供たちはそのことを童謡から学んできた。

巻き毛のきみ、巻き毛のきみ　ぼくのものになってくれるかい？
お皿洗いも、ブタのエサやりも　しなくていい
クッションにすわって　針しごとさえしてくれたら
それからたっぷりお食べ　イチゴに砂糖、クリームを！[27]

チェロキー族に伝わる神話では、イチゴは男女の諍《いさか》いを収める大事な役割を果たす。神が男と女を創造し、しばらくの間ふたりは幸せに暮らしていた。ところが、間もなく諍いが起こり、女は夫のもとを去って太陽の国を目指して東に向かう。困った男は後を追うが、女は振り返りもしない。太陽の女神が男を哀れに思い、この地で採れる最高の果実を用意して女の足を止めようと考えた。まず、熟したハックルベリーを道に沿って生えさせたが、女は立ち止まらなかった。甘美なブラックベリーを見ても歩みを止めず、真っ赤なサービスベリーの実を味わおうとすらしない。やがて、イチゴ畑が目の前に現れた。女は立ち止まって数粒つまみ、たちまち夫への愛情を蘇らせる。熟した赤い実を摘んだ女は、後を追ってきた夫に食べさせようと来た道を戻っていった。[28] 17世紀のイ

表面にイチゴの実と葉の高浮き彫りを施した磁器のクリーム入れ。ロンドンのチェルシー磁器工房で1745 ～ 1748年に製作された。

ヒエロニムス・ボス「快楽の園」の細部。1490〜1500年。油彩。三連祭壇画。

ングランドの医師ウィリアム・バトラーの言葉を借りるなら「神はもっと良いベリーをお創りになることもできたはずだが、どうやらそうなさらなかったらしい」[29]

もちろん、イチゴにも暗い側面はある。その場合イチゴが象徴するのはふしだらな女、無垢な白い花の下に姿を隠す誘惑者、そしてロマンスの熱情に潜む危険だ。シェイクスピアは「オセロ」でデスデモーナが失くしたハンカチに、「純潔と不貞」の両面を表すイチゴの刺繍を入れた。[30] オセロは不幸にも妻デスデモーナが不貞を働いたと信じこみ、彼女の運命は悲劇的な結末へと向かう。たとえ楽園の野原にイチゴが敷き詰められていても、草むらに潜むヘビには十分気をつけなければならない。

このメッセージは、15世紀のオランダ人画家ヒエロニムス・ボスの「快楽の園」(「イチゴの絵画 *el quadro del madroño*」という原題のほうが

ヒエロニムス・ボス「快楽の園」。1490 ～ 500年。油彩。三連祭壇画の中央パネル。

有名かもしれない）にも込められているのだろうか？　礼拝堂に飾るために描いたとされるこの三連祭壇画の中央パネルでは、裸体の男女たちが幻想的な庭園で戯れ、愛撫し合い、水浴びをしている。その庭園にあるのは途方もない大きさのみずみずしいイチゴ、光り輝く巨大なブドウやザクロだ。加えて、旗のように掲げられた大きな黒スグリや赤スグリ、桃色のグースベリー、手に持たれた巾着のようなマルベリー、男の頭ほどの大きさのブラックベリー、一糸まとわぬ姿の魅力的な女たちの頭に美しい王冠のように飾られた大粒のサクランボ。そして人々は原題にもあるイチゴノキ（madroño）の実をせっせと摘んだり、巨大な鳥たちから受け取ったりしている。

イチゴノキは知ってのとおり人々が肉欲にふけっていた黄金の時代に好まれた果実であり、16世紀にスペイン王フェリペ2世の宮廷に出入りしていた貴族たちにとってもイチゴとともに淫らなイメージを想起させるものだった［フェリペ2世は1591年に競売に掛けられていた「快楽の園」を買い取り、王立のエル・エスコリアル修道院に納めた］。イチゴは愛欲と淫らな女の象徴であり、イチゴノキは食べた者を酩酊させる果実だ[31]。木に生ったまま長く摘まずにいるとイチゴノキの果実は醱酵し、人間だけでなくクマをも惹きつけた。ボスはこの三連祭壇画の左翼パネルに、イチゴノキに登ろうとする熊を描いている。この風景は13世紀以来マドリード市の紋章にもなっているので、スペイン人にはおなじみだろう。

裸体の男女たちの淫らなベリー摘みには、どんな意味があるのだろう？ 1605年、エル・エスコリアル修道院の図書館司書ホセ・デ・シグエンサは、「快楽の園」のグロテスクなイチゴやイチゴノキはこの世の熱情の儚さを具現化したものだと語った。「すぐに消え去ってしまう果実の味、花や葉の心地よい匂いと同じだ。過ぎ去った後はほとんど記憶に残らない[32]」。「快楽の園」をアダムとイヴが堕落する前の寓話だと見る人々もいた。あの風景は黄金の時代の享楽や宴を連想させ、イヴが狡猾なヘビに誘惑されなかった場合のエデンの園を思わせたのだ。あるいは、ボスはアダムとイヴの堕落後、大洪水が起こる前の男女の罪深い行いを描こうとしたのかもしれない。異形の果実や動物は肥沃な土地の産物であり、中世の聖書注解者たちは最も肥沃な土地とは大洪水前の地上だと考えていたからだ。洪水は40日40夜続き、それまで男や女が食べていた不思議な果実はすべて流され、ノアとその子孫はアルカディアに住む人々とは異なり動物の肉を食べる定めとなる。

悲劇の、あるいは幸福な恋人たちが好むベリーは地表に生えるイチゴだけではない。たとえば、マルベリーは障害によって阻まれた愛の象徴だ。ロミオとジュリエットのモチーフともなったピュラモスとティスベ［ローマ神話やギリシャ神話の登場人物］は、互いの運命を勘違いしてマルベリーの木の下で自らの命を絶つ。白かった実はふたりの血に染まり、それ以来マルベリーの実は赤くなったという。伝統的なバラッド「恋人はイチゴ畑へ」では、恋人たちはマルベリーの木の陰で戯れる。

イチゴ畑では　何もかもが楽しく心地いい
愛しい恋人とともに過ごす一日は　あっという間に過ぎ去った
マルベリーの木の間から　太陽の光が差しこみ
小川は愛しい人と僕を映す鏡になった。

だがそのよろこびも束の間、青年は兵士として戦場に向かい、二度とイチゴ畑を訪れることはなかった。[33] フランスの作家ヴィクトル・ユーゴーの有名な詩「若い頃の古い歌」では、美しい娘ローズが白い腕を伸ばしてマルベリーの実を摘むようすを、思春期の少年が眺めている。

ローズは体を伸ばし
美しい腕を振るわせながら
マルベリーの実を枝から摘もうとしている
でも、僕はその白い腕を見なかった[34]

当時ローズの美しさと「恋する自然（la nature amoureuse）」に気づかなかった少年（ユーゴー）は、手に入れられたかもしれない恋の機会を失ってしまったことをずっと悔やむことになる。

ベリー摘みは、もちろん情事の恰好の機会にもなる。イングマール・ベルイマン監督の名作映画「野いちご」（1957年）ではイチゴ畑が愛と裏切りの舞台となり、主人公は無垢なイチゴを摘んでいる間に恋人を弟に奪われてしまう。また、スコットランドの伝統的なバラッド「ブルーベリーの求婚」では、熱心な求婚者がローランド（低地）地方に住む消極的な恋人を口説くのに、人里離れたハイランド（高地）地方の名物であるブルーベリーを摘む楽しさを訴える。

僕の宝石さん、ハイランドに一緒に行かないか？
ヒツジやウシが群れをなす　ハイランドに
僕の大切な宝石さん、甘い空気を吸うのは健康にいいんだ
森で美しいブルーベリーを摘むのもね[35]

アイルランドの求愛の果実はビルベリーだ。8月のビルベリー・サンデー（古代の収穫祭ルーナサを由来とする）には若い男女が丘に登って藍色のビルベリーの実を摘み、青年たちはその実でブレスレットを作り、娘たちはケーキに焼きこんで恋人に贈った。そして愛の証とされるもうひとつのベリーといえば、それはなぜかこの国でもイチゴノキだ。アイルランド語で「カーニャ（Caithne）」と呼ばれるイチゴノキの木立は、キラーニー［アイルランド南西の町］の広い土地に互いに孤立するように離れて並んでいる。これは、古代にブルターニュからつながる古代の陸橋に広がっていた森の名残だ。樹皮が赤い木に白い花を咲かせ、葉は濃い常緑で変わらない愛の象徴とされる。

僕の恋人はイチゴノキ
キラーニーの土地地沿いに生る
華奢で見栄えが良く
緑の肌着に包まれて
〔中略〕
ああ、その花も実も
やがては地面に落ちて　散らばってしまう
嫉妬に満ちた「時間」の指が
恋人よ、きみの若さをもぎ取るだろう
でも　変わらない　変わらない

アーサー・ラッカムの挿絵「モミの木とキイチゴ」。1912年。イソップの寓話では聖書の物語とは異なり、傲慢なモミの木よりもたわわに実をつけた謙虚なキイチゴがよく書かれている。

きみと僕は　いつまでもともにいる
イチゴノキに茂る
決して褪せない緑の葉のように[36]

さらに恋人たちの心を捉えるベリー、それはブラックベリーをはじめとするキイチゴ類だ。アイルランドの伝統的なバラッド「ベリーの花 Bláth na Sméar」では、最愛の人を「ブラックベリーの白い花、ラズベリーの甘い花、見目麗しい最高の植物」と称えている。[37] また、フランスでは、男性が恋人をブラックベリーの茂みに潜む黒ヒョウにたとえることもある。キイチゴ類と同じく、愛は傷を負わせることもあるが、甘い果実を与えてくれるというわけだ。

さらにキイチゴ類は、聖なるものであれ通俗的なものであれ、色恋以外の欲望とも関係が深い。旧約聖書「出エジプト記」で、神は燃える柴となってモーセに言葉をかける。聖書学者たちは、この燃える柴とはキイチゴのことではないかと考察した。実際、シナイ山［エジプト領内のシナイ半島にある山。モーセが神から十戒を授かったとされる］の聖カタリナ修道院の敷地には中東原産の非常に長命なキイチゴ（*Rubus ulmifolius* subsp. *sanctus*）があり、この燃える柴の子孫として崇められている。キリストのイバラの冠はブラックベリーのトゲのある枝だという説やヒイラギだという説があり、ヒイラギの実が赤いのはキリストの血で染まったからだとも言われている。

ブラックベリーの黒い実は、別名「悪魔の果実」だ（悪魔はミカエル祭の日にブラックベリーの実をだめにしてしまうという言い伝えがある）。ブラックベリーの花言葉は「卑しさ」、「嫉妬」、「自責の念」。あまりいいイメージがないのは、旧約聖書で最も初期の寓話のひとつ、「樹木の王」に関係があるのかもしれない。「あるとき、木々が自分たちの上に王を立てようとして、オリーブの木に『われわれの王になってください』と言った」。だが、オリーブの木はこれを断り、次に頼まれたイチジクやブドウの木もおいしい果実やよろこびを与える役のほうがいいと断る。結局イバラがこの申し出を受けるが、その際に驚くべき最後通告をつきつける。「あなたがたが真実に私を王に迎えるなら、来て私の陰に難を避けよ。そうしなければイバラから火が出て、レバノンのスギを焼きつくすだろう」(「士師記《ししき》」9章7〜15節)。卑怯なイバラは、日陰になる以外に役に立つことがないため木々の上に君臨する機会に飛びつき、もし拒否すれば大木に火(おそらく地獄の業火)を放つと脅したのだ。まさに植物が持つ悪の側面を表している。

しかも、ブラックベリーは自らの熱烈な信奉者を裏切ることすらある。アイルランドの詩人シェイマス・ヒーニーは「ブラックベリー摘み」のなかで、子供の頃はこの甘い果実が大好きで、実が熟すと野原に飛んでいったと書いている。トゲに引っかかれながら苦労して手に入れたベリーを大事にとっておくのだが、この輝く宝物はすぐに醱酵し、酸っぱくなり、腐ってしまう。イチゴと同様にブラックベリーにも、時間という鋭い歯を持つ敵が隠れていたのだ。

ブラックベリーにまつわる最も暗く邪悪な物語は、間違いなくルベルの物語だろう。アメリカ南部の綿花畑の労働者たちが火を囲んで口伝えに聞いたこの物語は、「昔、ヘビと遊ぶのが好きなルベルという小さな女の子がいた」という言葉で始まる。ルベルの部屋はとにかく「とてつもなく汚かった」。ある日、母親はその汚さにうんざりして娘の部屋を片づけ始める。太陽の光を入れるために窓を拭き、クモの巣を払い、山積みになった骨を捨て、汚れたシーツを燃やした。やがて、母親がクローゼットの前に立つとルベルは母親を引っ張り戻そうとした。クローゼットには「あの卑しい長い悪魔」、つまり巨大な黒ヘビがいたからだ。母親は木綿畑で使う鍬でその頭を切り落とした。それからというものルベルは悲しみのあまりみるみる衰弱し、母親の熱心な看病の甲斐もなく息絶える。

そして、ルベルは埋葬用の布で包まれ、あの真っ黒なヘビの隣にある水中の墓に納められた。今では、ルベルとヘビが眠る場所にはブラックベリーのつるが伸びている。ルベルがベリーで、ヘビはトゲさ。ルベルのベリーを手に入れたければ、いいかい、ルベルのベリーを味わいたければ、ヘビのトゲを覚悟することだ。[38]

陰うつな話から現実的な話に移ろう。聖なるものとはほど遠いエピソードを持つのは、地味なグースベリーだ。「オールドグースベリー」は悪魔を意味する。悪魔は人間を誘惑するとされ、それをふまえて「グースベリー」は睾丸を、「グースベリープディング」が女性を意味する俗語になった。そう考えれば、赤ん坊はグースベリーの茂みの下で見つかるという言い伝えや、突拍子もないことをする輩のことを「グースベリーフール」と呼ぶのも納得だ。対照的にエルダーベリーは聖なるイメージを持ち、強い魅力を放っている。悪魔が特に悪さをする「ベルタの夜」（オーストリアやドイツでは公現祭［三博士の来訪により、降誕したキリストが神の子として公に現れたことを記念する祝日］

をこう呼んでいる）には、ひと握りのエルダーベリーが悪魔を追い払うとされている。もっとも、どんな種類であろうと食べ物として、または幸運の印として求める人にとってベリーは心惹かれる存在だ。

# 第3章　暮らしのなかのベリー

伝統的な生活を送るのは骨が折れる。
——メアリー・ロックウッド『ツンドラのベリー摘み Tundra Gathering』

19世紀の作家の文章や画家の作品に描かれたベリー摘みからは、子供の遊びという印象を受けるだろう。

自然が美しい地域でも最も微笑ましい光景のひとつは、田舎の子供たちがビルベリーの実を摘む姿だ（市場に出まわるビルベリーの大部分は子供が摘んだものだ）。彼らは生い茂るつるに膝まで埋もれたり、ひび割れた灰色の岩を登って豊かな実の生る場所を目指したりしている。日焼けした顔は健康そうに輝き、あちこちにあざやかな赤や青、白などのつぎが当てられた服を着た（または裸の）子供がそこかしこでベリー摘みをする姿は、荒野の紫や灰色、茶色と美しいコントラストを織りなし、画家であれば絵画の題材にしたいと思うような豊かな光景だ。[1]

ウィンスロー・ホーマー「ベリー摘みの人々」。1873年。水彩。

野原や森でベリーを摘み、食べることを楽しむ子供たちもいるだろうが、多くの人にとってベリー摘みは単なる遊びではなかった。伝統を受け継いで生活する社会ではベリーは人々の食生活に欠かせないものであり、ベリー摘みは女性や子供、そしてコミュニティ全体の毎年恒例の仕事なのだ。

## ●採集

北アメリカの先住民は、ベリーの実りの時期で12か月を表す。ミシシッピ州のナチェズ族は4月を「ストロベリー・ムーン」と呼び、五大湖地方のアベナキ族にとって7月は「ブルーベリーが熟すとき」だった。北西部のヤキマ族は「ベリーの月」、つまり9月にその年初めて収穫した果実を祝う。摘み取りは女性や幼い子供の仕事で、ベリーが熟すと彼らは野原や森に出かけていった。サスカトゥーンベリー（サービスベリーとも呼ばれる）、ブルーベリー、ハックルベリー、グースベリー、スグリ、ブラックベリー、ラズベリー、イチゴ、クラウドベリー、サラールベリー、クロウベリー、クランベリー——こうした果実は、昔から現在にいたるまで食用として、また薬代わりに重宝されてきた。野生の果実はアスコルビン酸やそのほかの栄養素、ビタミンを豊富に含んでおり、先住民は伝統的にさまざまなベリーを煮出してお茶にしたり、そのまま噛んだりするなどして薬代わりに利用している。[2]

ベリー好きなのは動物も同様で、特にクマや鳥はベリーが大好物だ。太平洋岸北西部に住むハイダ族の間には、ハイブッシュクランベリー（*Viburnum edule*）は世界に光をもたらしたワタリガラスの食べ物だという言い伝えがある。また、イロコイ族にとってイチゴは天地創造に関係が深い植物で、空に浮かぶ島に住んでいたひとりの女が伝統的な農産物——穀物、豆、カボチャとともにこの果実を生み出したとされている。イチゴは春に実を結ぶ最初の果実であり、毎年開催される祭りで祝われ、イロコイ族の民話に出てくるガンダヤ（「小さき人々」の意味）が育てる植物だ。一方、ブリティッシュ・コロンビア州の内陸部に住むギックサン族とウェットスエテン族にとって大切な意味を持つのは、ハックルベリーだ。彼らは昔から炭水化物の重要な供給源として乾燥させた実を冬に食べ、沿岸部の国々との交易やポトラッチ［北太平洋沿岸のアメリカ先住民が富を分配することで名誉や地位を示す行為］の贈り物としても利用していた。[3]

ヘンリー・デイヴィッド・ソローは、お気に入りの果実であるハックルベリーをアルゴンキン族が大いに活用していたことを記録に残している。彼らはこの実を採集して生のまま、あるいは乾燥させてパンやプリンに混ぜ入れて食べたり、入植者相手に取引したりしていたという。極北のツンドラ地帯でもベリーはたわわに実り、イヌイット族は青いブルーベリーやビルベリー、黒いクロウベリー、赤いベアベリーとマウンテンクランベリー、黄金色のクラウドベリー（別名ベイクアップル）など、豊かな果実のタペストリーを摘み取っていた。

毎年、女性や子供は仕事道具を手にベリー畑に出かける。その道具とは木の根で編むか樺の樹皮で作った大小さまざまな籠や、木製の（太平洋沿岸北西部の先住民ならサケの背骨で作った）ベリー専用の小さな摘み取り器などだ。作家のメアリー・ロックウッドの著書には、アラスカでベリー摘みをする際に家族が使っていた道具が書かれている。

〔母親の籠は〕蒸気に当てて曲げた木材で作った特別製で、丈夫なセイウチの皮の紐で縫い合わされていた。この木の籠の中に丸いボウルを取りつけて使う。持ち手には象牙が使われていた。そのほかの家族は、いろいろなサイズのコーヒー缶やクリスコ［ショートニングの商品名］の缶が籠代わりだ。缶の上部2か所に釘を当ててハンマーで素早く叩き、針金を通して持ち手を作る。数本の針金を通して何度もねじってまとめれば、ベリーの重みで手を切ることもない。[4]

著述家マリオン・アーシヴァリュクもまた、イヌイットが治めるカナダのヌナブト準州では「ベリーがたわわに生ると私たちはなめした皮を用意し、摘んだベリーをその上に乗せて集落に持ち帰った。そして近くにいる人たちに声をかけてベリーをふるまったものだ」と記している。[5] 新鮮なベリーはとてもおいしかったが、大半は家に持ち帰って冬に食べる保存食にしたという。天日や焚き火で

クリキタット族がベリー摘みに使っていた籠。1895 ～ 1905年頃。植物繊維と皮革を使用。アメリカ合衆国ワシントン州南中央部、コロンビア・リバー・バレー。

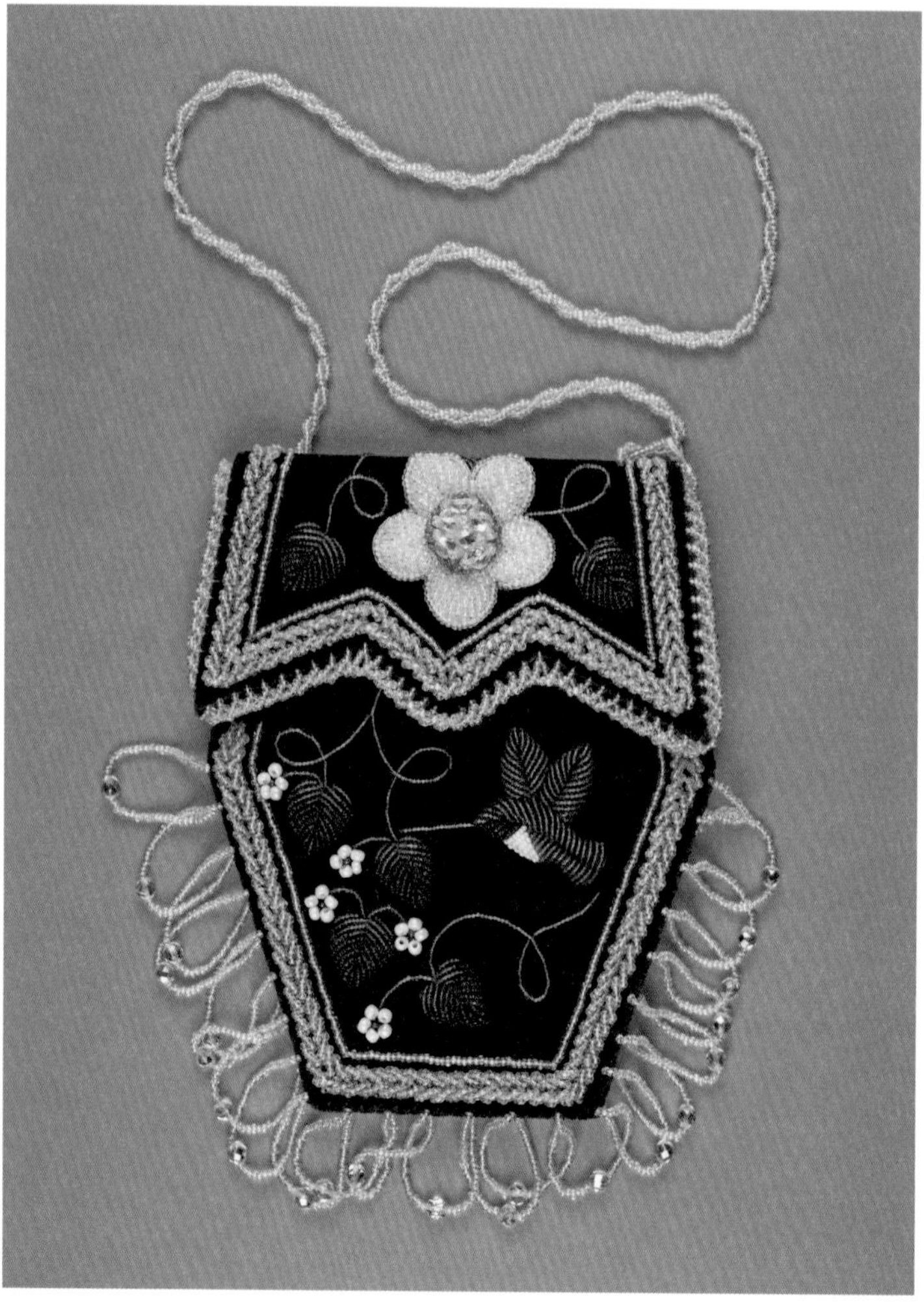

サミュエル・L・トーマス作。イロコイ族が使っていたバッグ。ハチドリとイチゴのビーズ刺繍があしらわれている。2001年。北アメリカ、ニューヨーク州ナイアガラフォールズ。

丸くこねたペミカン

乾燥させる方法が一般的だが、煮てペースト状にしたものを乾燥させる場合もあった。大草原を移動するときに重宝されるペミカンは、乾燥させた肉を粉砕し、脂肪分とベリーを混ぜこんだ保存食だ。ベリーに含まれる酸はpH（水素イオン濃度）を下げて細菌の繁殖を防ぎ、高エネルギーを持続するため、携行保存食にはぴったりだった。

クランベリーのように酸味が強い果実は、油を塗った容器に注いだ水に入れて保存すると冬の間に甘みが出る。寒冷地では地面に穴を掘ってベリーを保存したり、生った実を摘まずにそのまま雪にさらして凍らせたりして、食べたいときに掘り出していた。[6] イヌイットは野生のベリーをアザラシの皮袋［アザラシの内臓や肉を取り除き、乾燥させて袋状にしたも

ブルーベリー、ラズベリー、植物性ショートニングで作った冷たいアクタック

の」や、最近では樽に入れて醱酵させる。また、脂肪分や、ときには雪とベリーを混ぜて泡立てたアクタック（エスキモーアイスクリーム）は特別なごちそうだ。[7]

先住民は野生のベリーをいつ、どこで探せばいいか知っているだけでなく、先祖代々受け継がれてきた土地に生る果実の管理もしていた。だが、19世紀のアメリカではさまざまなコミュニティの移住や再定住の影響で、昔から行われていたベリーの収穫が妨げられている。先住民の領土が白人の入植者に耕作地として譲渡されると、先住民の指導者たちはかつて自分たちが所有し、改良した土地で採集する権利を守るために戦った。[8] 実際のところ、メイン州の荒れ地に生育するブルーベリーは先住民が作り始めたものだ。彼らはブルーベリーやハックルベリーが草木を焼いて間もない土地で生育し、この火入れを行うことで収穫量が増えることを知っていた。[9] だが、このような伝統的な慣習は農務省の林野局に誤解されることが多く、定期的な火入れが抑制されたためベリーの生産性は低下した。[10]

ベリー摘みは単に食料を手に入れる作業というだけでなく、地域コミュニティを強化する役割も担っていた。ベリーが特に豊作のときや、新たな場所に生育したときには、コミュニティ総出でベリー摘みに向かうこともあったという。ミシガン州のバッドリバー沿岸に住んでいたオジブワ族のマリー・リヴィングストンは、20世紀初頭に父親がウィスコンシン州で見つけた「黄金郷」についてこう書いている。

父はベリーが生る約1マイル四方の土地を見つけた。元々そこはバンクスマツの森だったが、2年前の大きな山火事によって、ベリーを求める人々にとってはまさに黄金郷と言える場所になっていたのだ。〔中略〕大粒のベリーがびっしりと生り、踏みつぶさずに歩くのは不可能だった。その房はブドウの房によく似ていた。[11]

こうした先住民のベリー摘みは、必ずしも入植した権威者の承認を得たものではなかった。19世紀のあるアメリカ人宣教師は、ベリー摘みは「先住民にとって重要な『聖なる日』」だとぼやいている。当然のことながら、信徒たちは彼の教会に行って「キリスト教の楽園を約束する説教を聞くよりも『先住民の楽園』である牧草地で夏の日曜日を過ごす」ことを選んだのだ。[12] ベリー摘みはときに骨の折れる仕事だったが、メアリー・ロックウッドの著書にあるようにもたらされる恩恵は特別で、それはくたくたに疲れた子供たちも例外ではなかった。

私たちはさらに約4分の1平方マイルの範囲に散らばり、再びくすんだ色のブルーベリー、頭上で輝くオレンジ色のサーモンベリー、あざやかな赤と黒のクランベリーとブラックベリーを収穫した。野生のベリーは誇らしげにたわわな実を広げ、すぐ手が届くところに揺れている。私たちはただ機械的にではなく、ベリーにさまざまな思いを馳せながら摘んでまわった。自由気ままにあちこちに散らばり、歩きまわるうちに、やがて甘い香りを放つ大地に抱かれているような気分になる。[13]

## ●市場向け農園の誕生

宣教師たちは苦々しく思っていたかもしれないが、毎年のベリー収穫は北アメリカの先住民と入植者両方のコミュニティを支える自然資源だった。先住民が集めたベリーは入植者向けの市場に出すと飛ぶように売れたし、入植者自身も実が熟すとベリーの生る場所に足を運んだ。[14] 18世紀末、フィラデルフィア郊外の松林が焼き払われ、325ヘクタールのイチゴ園ができた。この地方ではイチゴが豊富なため「町の人々は、20マイル（約32キロ）以上離れたところからでもやって来て、驚くような量のイチゴを摘んで持ち帰るのが通常の光景だった」という。[15] ソローは、農家の妻（「たくましく、野山に慣れた純朴な女性」）らが夏の間ベリーが生る野原や森で作業し、学校から解放された子供たちがそれを手伝うようすを微笑ましく思っていた。

ベリー摘みの季節はとても重要なので学校はこの時期休みになり、たくさんの小さな指がせっせとこの小さな果実を摘む。骨の折れる仕事というよりは楽しい遊びのようなもので、しかもいい稼ぎにもなる。彼らにとって8月1日はニューイングランドの奴隷解放記念日だ。

だが、こうした牧歌的な光景は「若きアメリカ」［19世紀半ばにアメリカで起きた運動で、自由貿易や海外の共和制支持などを訴えた］のものであり、「老いたアメリカ」にとってベリー摘みはビジネスの意味合いが強かった。

しかし、私たちはなんとも邪悪な時代に生まれ堕ちてしまった。人々はハックルベリーが生る地から追い出されたそうだ。採集を禁じる看板も目にした。［中略］田舎で暮らす真の価値はどうなるのだろう？　もしもハックルベリーを手に入れるのに市場に行かねばならないとしたら！[16]

19世紀初頭になると、野生のベリー摘みは自給自足のための採集から商業目的の収穫に形を変え始める。ブルーベリーが生育するメイン州の荒れ地は収穫のために貸し出されるようになり、借り

ウィンスロー・ホーマー「イチゴ畑」。1868年。木版。

手は毎年先住民の慣習を真似て曲げた管に丸めた布を芯代わりに入れ、灯油を浸して自分に割り当てられた区画を燃やした。そして翌年に生った実を収穫し、ボストンやモントリオールの都市部の市場に新鮮なベリーを届けたのだ。[17]

1820年に初めてケープコッドからニューヨークにクランベリーが出荷され、1840年にはニューイングランドのクランベリー産業が本格化し、新しい栽培・収穫技術が普及した。クランベリーは樽に詰めて船でアメリカやヨーロッパの市場に出荷されたが、鉄道で運ばれることもあった。1881年には、ニュージャージー州だけで3万5000ブッシェル［1ブッシェルは約35リットル］以上のクランベリーがフィラデルフィアに列車で運ばれている。[18]

果実のなかでも特に傷みやすいイチゴですら、列車で輸送されていた。世界最大のイチゴ市場であるニューヨークではそれまで帆船や連絡船による輸送に頼っていたが、１８４７年の6月の夜、ニュージャージー州から「ピーライン」と呼ばれる列車で8万個の籠に入ったイチゴがニューヨークに到着している。１８６５年になると、イチゴの収穫時期は1か月から4か月、さらにはもっと長くなり、より遠くからイチゴを詰めた箱が列車で運ばれるようになった。１８８８年の春、フロリダ産のイチゴが初めて冷凍貨車でマンハッタンに運ばれている。１８８７年に6台だった冷凍貨車は１８８８年には60台、１８９１年に６００台、そして１９０１年には6万台以上に増えた。[19] 19世紀末には、ベリー摘みは田舎の楽しみからひとつの産業に変容を遂げたことになる。

この現象はアメリカ大陸だけでなく、ヨーロッパでも同様だった。16世紀のパリの路上では、行商人たちがイチゴを売っていたし、[20]「ロンドンの高級品 London Lickpenny」という詩を書いた14世紀生まれのジョン・リドゲートの言葉を信じるならば、１４３０年にはロンドンの路上でイチゴが売られていたことになる。

そして、私は急いでロンドンに向かった
この国で　唯一高級な品が手に入る場所
「エンドウマメはいかがかね！」売り子の大声が聞こえてくる
「それから熟したイチゴに、熟す寸前のサクランボもあるよ！」[21]

こうした小さな野生のイチゴはたいてい少量をキャベツの葉で包むか、先細りの筒状の籠に詰め

エドワード・オーウェン家具店のトレーディングカード［広告やイラストを入れて商品に同封したカード］。1785年頃。円筒形の籠に入ったイチゴが描かれている。

て「ポトル」という単位で売られていた。ロンドンでの暮らしをつぶさに記録していた19世紀のジャーナリスト、ヘンリー・メイヒューによれば、19世紀半ばのロンドンでは、イチゴのポトルがひとつ2ペンスで150万個以上売れていたという。生で食べる小さな果実としては絶大な人気を誇り、後を追うのはラズベリーくらいのものだった。売り上げたイチゴの約半分は、手押し車を引いた行商人たちが持ちこんだものだ。

その行商人の一番の得意客は郊外の住人たちで、特に日曜日にやって来てデザート用にイチゴを買い求める。そのほうが、土曜の夜に予約するより新鮮なイチゴが手に入るからだという。通りで行商人の姿を見かけ、また呼びこみの声を聞くと、多くの人が果実を買いたくなる。日曜日になると、行商人は蒸気船が停泊する波止場あたりにやって来る。川沿

「さあ、真っ赤に熟れたイチゴだよ！」。通りで果実を売るようすを撮影したのは写真家ジョン・トムソンだ。アドルフィ・スミスが文章を添えた1877年刊行の写真集『―写真と文による―ヴィクトリア朝ロンドンの街頭生活』［梅宮創造訳／アティーナ・プレス／2015年］より。

いを歩く人々、特に若い女性や子供たちによく売れるのだ。

また、行商人たちは市場に入荷する14万ブッシェルのグースベリーの4分の3以上を売り上げ、その多くは「労働者の日曜のデザート」ことダンプリング［小麦粉を練って茹でたり果物を入れて焼いたりした団子］用のまだ熟していない実だった。[22] 傷みやすい新鮮な果実をどうやって価値を下げずに輸送するかが課題だったが、やがて解決策として都市部の市場からほど近い場所に市場向け農園が設立されるようになった。

17世紀には地元の農家がロンドンに新鮮な野菜を届けていたが、18世紀末に「各教区で行われた調査」によると、

トマス・ローランドソン（1756～1827年）「マルベリー摘み」。製作年不詳。水彩。紙。

「ロンドンから約20キロ以内で市場用に常時栽培を行っている土地は約５０００エーカー（２０００ヘクタール）あり、そのうち８００エーカー（３２５ヘクタール）が果実栽培に充てられていた」[23]。イングランドのジャーナリスト、ウィリアム・コベットは１８２５年、現在大ロンドン［ロンドン全域を指す］の一部となっているセント・メアリー・クレイ周辺の土地をこう描写している。「そこは広々と連なる果樹園だ。高地にはサクランボやリンゴ、洋ナシ、プラム、低地にはグースベリー、スグリ、ラズベリー、ハシバミの実が生っている」[24]。

パリでは、盛り土された区画（肥料と乾燥人糞[25]が使用されていた）でのフランス式集約栽培がヨーロッパ中の羨望を集めていた。19世紀初頭には人口が増加したにもかかわらず、１８３０年時点でパリではまだ１４８５エーカー（６００ヘクタール）近くの土地が市場向け農園や果樹園に充てられており、パリで消費される果実や野菜の95パーセントはイル・ド・フランス［パリを中心とした地域圏］で栽培されたものだった[26]。

リンゴのように傷みにくい果実は馬車や船で都市部の市場に輸送されたが、多くの果実は農村の女性たちが背中に負って運んでいた。有名なモントルイユのモモは、村のあらゆる年齢層の女性によってパリに運ばれた。彼女たちは午前1時か2時には一斉に出発する。パリの卸売市場は、どこもかなり早い時間に開かれるからだ。[27]

1811年、ロンドンの市場向け農園では大量のラズベリーが栽培され、手押し車で蒸溜酒製造者のもとに送られた。だが、

家庭向けの果実はおもにシュロップシャーや、ウィルトシャーのキングスダウン近辺から女性たちが籠を頭に乗せて運ぶ。果実は早朝に収穫され、12人の女性労働者で12ガロン（約48キロ）の果実を摘む（3パイント［約1500グラム］入る籠をひとりにつき3つあてがわれた）。賃金は1ガロンで1ペンス半だ。女性のうちのひとりがコヴェント・ガーデン市場まで果実を運ぶ（距離にして約10マイル［約16キロ］）、報酬は3シリング6ペンス。言うまでもないが、彼女たちが運ぶのは1日に1回だけだ。だがハマースミスの女性たちは3回往復し、1日の仕事の報酬に加えて1回につき8ペンスを受け取っている。ケンジントンの市場に運ぶ女性は6ペンスで1日に4往復することが多い。彼女たちは通常、時速約5マイル（約8キロ）の速さで行き来する。[28]

フランシス・ウィートリーの「イチゴ、真っ赤なイチゴはいかが」をもとにしたジョヴァンニ・ヴェンドラミニの作品。「ロンドンの呼び声」シリーズ。1795年。点刻銅板。

1834年には、周辺の農園から2000人以上の女性がロンドンにイチゴを運んでいたと推定されている。彼女たちは夜明け前にベリーを摘み取り、1ポトルずつ分け、ときには重さ18キロにもなる籠を頭に載せて11〜13キロの道のりを急ぎ、当日の朝市場に届けた。[29] やがて鉄道の登場によって彼女たちの籠は軽くなり、農園と果実が運ばれる市場との距離は長くなった。早くも1840年にはロンドンだけでなく、リバプールやマンチェスターなどの大都市にも列車で果実が輸送されている。ハンプシャー州では、囲い込み法［従来共同利用していた土地に柵などをめぐらし、私有地であることを明示する条例］成立後の1860年代後半にイチゴが大人気となり、希望する農家に小規模な農地が提供されるようになった。農家は利益を生む作物を必要としており、イチゴはその条件にぴったりだったのだ。

ティッチフィールドの教区では、以前の「荒れ果てた土地」が「小さな区画ごとに割り振られ、その大半には小屋とその周囲数エーカーのイチゴ畑」が作られた。イチゴの季節には地域全体でイチゴ狩りが行われ、「学校は休みになり、子供たちは皆イチゴ畑で働くことになる」[30]。生産量は飛躍的に増え、20世紀初頭には季節限定で「イチゴ列車」の運行が始まる。この時期には、「ストロベリー・コースト」という名称がついた地域から3000トン以上のイチゴがコヴェント・ガーデンに運ばれていた。[31]

フランスでも鉄道が急速に発達し、果実だけでなく国中の人々をパリに運んでいた。1852年にはパリの人口は100万人を超え、古い市場向け農園の土地に住宅が建てられることになり、農場主たちは周辺地域やマルクシなどの郊外、あるいはもっと遠方へと追いやられた。プルガストル・

「イチゴの収穫」。フランスのプルガストル・ダウラ。1900年頃の絵葉書。

ダウラという都市のイチゴ農家組合はイチゴをパリだけでなく、グレート・イースタン鉄道を利用してイギリスにも出荷している。20世紀初頭にはフランス中の栽培者が鉄道を利用し、新鮮で熟した農産物をパリの市場に出荷するようになった。ロット県カオールのカイヤックというコミューンには、毎年300人以上のイチゴ栽培者が収穫のために集まってきた。モゼル県では、特にヴォワピーという町を中心に1860年代からイチゴの栽培が始まり、1937年には8000トンのイチゴがフランス、スイス、ドイツの市場に出荷されている。[32]

### ●栽培

都市人口の増加、缶詰や保存食などの産業の誕生、それまで手に入りにくかった小果樹の新規市場の開拓などが相まって、ベリーは農地で大量生産されるようになっていった。収穫の中心となるのは変わらず女性や子供だったが、もはや需要に追いつくことはできず、

アイザック・クルックシャンク「メアリー・アンへの贈り物はフォークストンのイチゴか、それともキャラウェーの砂糖菓子か」。1810年。手彩色のエッチング。

現在と同じように男女を問わず多くの労働力が必要になっていく。ベリーが熟せば待ったなし、とにかく急いで収穫しなければならない。産業規模でのベリー摘みはもはや田舎での楽しい一日ではなく、過酷で非情な低賃金の労働だった。

朝早くから日が暮れるまで――男も女も少年も小さな子供も、地元の人間も村の人々も、馬も車も鉄道も、夜も昼もイチゴのために動きまわる。なぜか？　太陽と露によって十分に熟した、5エーカー（2ヘクタール）分のみずみずしい深紅の果実が待っているからだ。手早く収穫しなければあっという間に傷んでしまう。都会の人々がティースプーンを手に、今か今かと到着を待っている。さあ、朝の5時から仕事を始めよう。

仕事は朝早くに始まり、夜遅くにようやく終わることも多かった。ベリーを摘むだけでなく、「ニューヨーク行きの夜行列車や船に積むため、木箱に詰めなければならないからだ。そのため、多くの人が夜の9時や10時まで忙しく働いている」[33]。収穫時期は2〜3週間に集中し、摘み取り作業の収入は「1箱あたり1・5〜2・5セント。4時間働いて60セントを手にする少女たちもいた」[34]。1880年代アメリカのイチゴやクランベリーの農地は広大で、収穫物の摘み取りには何百人もの移動労働者が必要だった。労働者のなかには解放奴隷たちも含まれており、南北戦争後に自由の身となってプランテーションを去った彼らは「仕事がありそうなところ」を探しまわらなければならなかった。ベリー摘みについて、次のような描写が残っている。

とても魅力的な仕事だ。時間は短く、給料は高く、楽しむ機会は無限にある。ベリー摘みは、この流動的な仕事に従事する大多数の人にとってピクニックのようなものであり、彼らはこの仕事を切望し、心から楽しんだ。[35]

屋外での作業は工場での作業よりましだったかもしれないが、摘み取り作業者の生活環境は劣悪だった。1908年から1924年にかけて、写真家のルイス・ハインは全米児童労働委員会の依頼でアメリカ中を旅し、沼地や畑に足を運んでフィラデルフィアのイタリア系移民、ボストンのシリア系移民、ポーランド人、ポルトガル系黒人（ブラヴァス）の家族を撮影している。こうした人々はマサチューセッツ州、ウィスコンシン州、ニュージャージー州でクランベリーを、デラウェア州、

ルイス・ハイン撮影「ビシー夫人とその家族」。一家は夏にはボルチモア近くの畑で、それ以外の時期は2年前からミシシッピ州ビロクシで働いていた。メリーランド州ボルチモアにて。1909年7月。

メリーランド州、ケンタッキー州でイチゴを摘んでいた。
　ハインが出会ったなかには畑仕事を手伝う4歳の子供、3歳から摘み取りをしている5歳の子供、自分の名前を書けなかったり年齢を言えなかったりする子供がたくさんいた。あるとき、彼はデラウェア州キャノンにあるトゥルイットのイチゴ農場でマクナッド一家と知り合いになる。

7歳のオスカーは4歳のときからベリー摘みをしていて、1日平均34クォート（約38キロ）を収穫する。この仕事をして5年目になる11歳のイヴの1日の平均収穫高は１００クォート（１１０キロ）、8歳のマッジも5年目で、1日平均45クォート（50キロ）、5歳のアルバータは2年目で、1日平均19クォート（21キ

ルイス・ハイン撮影。「ジム・ウォルディン。フィラデルフィア、カーペンターストリート1023番地。6歳。2年前からクランベリー摘みをしている。やはり2年前からこの仕事をしているサム・フローヒューは9歳だが、自分の名前を書くことができなかった。フィラデルフィア、ティッテンストリート1106番地（フィラデルフィアの学校には4週通っていて、あと2週間はここに滞在する予定だという）」。1910年9月、ニュージャージー州ペンバートン近郊のターキータウンにあるセオドア・バッド所有の沼地にて。

ロ）を収穫する。

彼らは夜明けから日没までひたすらベリーを摘み、少女たちは手桶や盆でベリーを樽まで、または「親方」のもとまで運んでいた。ハインが調べたところ、ベリーを乗せた盆の重さは11〜13キロ、クランベリーの箱は6・8キロあったそうだ。10歳のメアリー・ギルバートは「この仕事が楽しいとは言えないわ」と語っている。夏は北部で、冬は南部で仕事をする家族もいて、渡り鳥のように収穫に合わせて移動していた。クランベリー湿原では、この「大軍」は仮設の粗末な小屋に住んでいた。

ラッセル・リー撮影「ブルーベリー摘みのトラックに乗った先住民の子供たち」。ミネソタ州リトルフォーク近郊にて。1937年。

そのうちのひとつは16×40フィート（約5×12メートル）の広さで、中央に仕切りがあり、端には煙突があった。四隅には、サイズに合わせた板状の仕切りで区切られた2段ベッドがそれぞれ4台ずつ置かれている。各ベッドの幅は4フィート（約1・2メートル）で、1台にふたりが寝るようになっていた。男女のベッドは両端に分かれている。このような仕様で、ひとつの小屋に男性、女性、子供合わせて65人から75人が寝泊まりするのだ。[36]

イチゴ畑で働く労働者の住まいには使われなくなった鶏小屋、ひと部屋だけの、または仮設の小屋などが利用された。収穫シーズンは5月に始まり、多くの子供は秋に収穫が終わるまで学校を休むので何週間も授業を受けられない。子供たちを雇って野生のブラックベリーを収穫しているケンタッキー州のある女性は、その理由を「あの子たちは本を買うお金を稼ぐためにベリー摘みをしているのよ」と話した。[37] 夜明けから日没までベリーを摘んだとしても、その日の終わりに報酬をもらえる保証はない。報酬は収穫高に応じて支払われるため、農場主たちはさまざまな方法でベリーの量を量っていた。

北大西洋の岩礁地帯ニューファンドランドでは、いたるところにブルーベリーの実が落ちている。かつて缶詰や菓子にするのに女性や子供たちが拾い集めていたが、1930年代の大恐慌の時代になると自給自足では賄えない品を購入するのに必要な金を稼ぐために、一家全員でベリーが生る荒れ地に出かけるようになった。多くの場合、収穫した実は店が発行する「ベリー紙幣」で支払われ、これは同じ店で商品と交換することができた。ベリー1ガロン（約4キロ）あたりの取引価格にはばらつきがあり、1930年代後半には1ガロンあたりの値上げを求めてストライキを起こしたベリー採集者たちもいたが、結局は警察に通報、逮捕された。[38]

一時は「世界のイチゴの首都」を自負していたミズーリ州サーコキシーでは（1897年には収穫のために1万人の労働者を雇っていた）、労働者は片面にイチゴ、もう片面に各自が収穫した量が書かれた金属製のトークンを渡された。このトークンは商品と交換したり、銀行で現金と交換したりすることができた。トークンにはいろいろなサイズがあり、労働者の間で人気が出て本物の硬貨と同じように流通していく。20世紀初頭にこのトークンはアメリカ財務省によって禁止され、代わりにボール紙で作ったイチゴの「チケット」が使用されるようになった。[39]

イギリスでもベリーの収穫には子供の働き手が欠かせなかった。彼らは移動生活を送るロマ族や日雇いの労働者らとともに働き、学校から「ベリー摘み休暇」をもらう子供もいれば欠席扱いになる子供もいた。ある学校の校長はこうぼやいている。

在校生166人のうち、先週登校したのは平均で129人だけだ。〔中略〕今週の出席率はさらに下がるだろう。今朝は48人が欠席していた。理由はイチゴを収穫するためだ。

ベリーの収穫は朝から晩までかかる作業で、ハンプシャー州のイチゴが豊かに実る地方のある住民は「第二次世界大戦中でも、イチゴの収穫労働者はサウザンプトンから歩いて午前4時半か5時に到着するというのが普通だった」と話している。[40] 労働者たちは歩いてやって来るが、摘まれたベリーは列車でロンドンに向かう。たくさんの籠に入ったイチゴは午後遅くに馬が引く荷車で鉄道の駅に運ばれ、そこでは「数グループの少年たちが腹這いになり、貨物列車に特別にこしらえたイチゴ用の棚にかごをどんどん並べていった[41]」。

ベリーで有名なスコットランドの町ブレアゴーリーには、学校に通う年齢の子供たち、旅行者、非正規の労働者たちが大勢やって来た。だが1905年、不祥事が相次いだことを受けて農場主たちは「まともな労働者」をこの「楽しい」田舎に呼びこむ取り組みを始める。この試みは成功し、最大1500人の幅広い年齢層の女性が都会からこの「楽しい町」に集まり、宿舎に滞在しながらグースベリーを収穫した。また、母親たちは夏休みに子供をブレアゴーリーにやってベリー摘みをさせ、制服や子供の好きなものを買うのに十分な報酬を得ている。[42]

「夏の休暇限定の仕事 —— 女性4000人を募集」。第一次大戦時のポスター。

戦時中には学校に通う子供たちは戦争努力としてベリー摘みに動員され、愛国心を示すことを求められた。彼らは学校が休みに入るとブラックベリーを摘み、農耕部隊に参加したが、これを楽しむ子供もいた。そのひとり、バーバラ・メイソンは1939年当時10歳だった頃のことを懐かしく振り返りながらも、「1日に45キロのラズベリーを摘むのは少し大変だった」と語っている。[43]

やがて、ニューイングランドのクランベリー湿原から子供の姿が消えた。これまでより重く、効果的に実を収穫できるシャベルが登場し、大人の男性以外がこれを使いこなすのは難しかったためだ。1960年代になると収穫に機械が導入され、湿原で作業する大勢の人々の姿を見ることもなくなった。だが、イチゴの収穫は別だ。フランスの町カイヤックの子供やスコットランドの母親を先駆けに、必要に迫られた何千

アメリカ、ニュージャージー州、クランベリー収穫作業の光景。

という女性たちが毎年フランスやイタリア、スペイン、モロッコのイチゴ農地に集まった。女性の労働者が好まれたのは、あるイタリアの農場主に言わせれば「傷みやすい果実は丁寧に摘む必要がある」からだ。[44] 21世紀初頭から、スペインでは収穫シーズンになると何千という女性——器用なイチゴ摘み女性たち——がモロッコからやって来て、息苦しいほど熱のこもったプラスチックの温室でイチゴを摘んだ。[45]

　モロッコでは1990年代からイチゴの集約栽培が始まり、2万人の労働者（その90パーセントは女性）がこの小さな実を収穫していた。[46] 国際労働機関によれば、アルゼンチンのイチゴの集約栽培では、労働者の多くは17歳以下だという。「子供は特にイチゴ農園では重宝される。大人よりも手が小さい分、実を傷めずに収穫できるからだ。それに、イチゴは地表近くに生るので子供でも手が届く[47]」。

　もっとも、まだ背の低い子供たちも含め、多くの労働者の間ではイチゴは「悪魔の果実」と呼ばれている。イチゴの収穫作業の後にはかなりの確率で体中が痛むからだ。地面に何時間もかがんでイチゴを摘む労働者の多くは「イチゴ摘みの下垂足」、つまり一種の神経麻痺の症状が生じやすい（同じように、ブルーベリーを収穫する労働者は手首が腱鞘炎になりやすい）[48]。さらに、ギリシャでは2013年にイチゴ摘みを背景とした事件が起こった。ギリシャ南部のペロポネソス半島にあるマノラダのイチゴ農園で働いていたバングラデシュの労働者28人が、6か月分の未払い賃金を要求して農場主たちに撃たれ重傷を負ったのだ。この農園のイチゴは「血のイチゴ」として知られるようになった[49]。

## ●自然享受権

野生の甘い果実を自由に摘むことは採取権の基盤であり、「自然享受権」として[50]ベリーを愛する北欧の国々——スウェーデン、ノルウェー、フィンランドで古くから保証されてきた。他人の土地への立ち入りを認めるという概念はスカンジナビア諸国の文化と歴史に根ざしており、19世紀末には法律として明文化されている。自然享受権とは、「誰がその土地を所有または占有しているかにかかわらず、許可を得ることなく立ち入って自由に歩きまわることができる基本的な権利」を万人に与えるものだ。また、私有地のベリー（またはキノコや花）であっても採集できるという権利も含まれている[51]。

ビルベリー、ブルーベリー、野イチゴ、ラズベリー、リンゴンベリー（「赤く輝く森の宝石」とも呼ばれ、クランベリーの遠縁種）、そして湿った泥炭地に生育する神秘的なクラウドベリーは、誰でも自由に摘み取ることができる（ただし、稀少なクラウドベリーの収穫には制限がある）。自然享受権（Everyman's right）は、もちろん女性にも適応される。古来、女性と植物、特に根茎やベリーとの関係は深い。根茎やベリーは食料として消費されていたため、北欧では昔から女性と子供が採取の大半を占めていた。今でもほとんどの人が自分の食べる分は自分で摘み、リンゴンベリーやビルベリーをはじめやわらかい実を生で食べたり、ソースやジャムにしたり、ケーキやタルトの材料にしたりしている。

ベリーは今も洋服や切手などのデザインモチーフとしては人気だが、北欧では野生のベリー摘みは減少している。人口の半数以上が毎年野生のベリーを採取し続けているフィンランドですら[52]、若い世代はベリー摘みに興味を示さずに店で購入する傾向にあると問題視されている。2015年には過去最高の6万4500トンの野生のベリーが収穫されたが、すべてがフィンランド人によるものではない。この5分の1は、都市部の市場でベリーを販売したり、遠く日本の消費者に輸出したりする「ベリー請負人」によって収穫された。

自然享受権は個人の権利に適用されるため、非居住者も対象となる。2005年以降、森の「赤く輝く宝石」や淡い黄金色のクラウドベリーを収穫しようと、何千人ものタイ人が時期になるとフィンランドやスウェーデンに押し寄せる。廃墟のような住宅に住み、1日13時間の労働を3か月間続ける彼らはこれを苦々しく思うスウェーデン人やフィンランド人から「奴隷労働者」と呼ばれているが、タイの労働者（ほとんどが男性）にとってベリーの収穫は大金を稼ぐチャンスなのだ。だが、凶作の年には多くの労働者が手ぶらで帰国することになるため、タイ政府はフィンランドの森で運を試そうとする国民に注意をうながしている。[53] ウクライナ人やブルガリア人もイチゴ畑で働いており（EUの保護のもと）、ベリー採集をする多くの移民は北欧の重要な働き手だ。

近い将来、移民法が厳格化して国境を越えることが難しくなれば、農地で働く労働者にはロボットが仲間入りすることになるだろう。「ハーベスト・クルー（Harvest Croo）」（コンピュータ化された果実収穫ロボット）が人間に取って代わる日も近いかもしれない。[54] これはヨーロッパ、アジア、アメリカで開発されている数多くのロボット収穫機のひとつで、開発者たちは人間の労働者から仕事を奪うことはない（人間の労働者が機械よりも多く収穫できればの話）と主張している。いずれにしろロボットの導入によって、丁寧に摘み取り作業をする人間が足りないという理由でベリーをみすみす腐らせることはなくなりそうだ。[55]

# 第4章　交配の歴史

有史以来、ベリーが計画的に栽培されたことはほとんどなかった。旬のベリーを食べることはその瞬間だけのよろこびであり、そのよろこびを長続きさせたいと願う人々は畑や森と台所の距離を縮める方法を考えたのだ。果実の代表格ともいえる香り高い野イチゴは、フランスの修道院の庭で栽培されたのが始まりで、１３６８年には王室の庭師ジャン・デュドワがシャルル5世のためにルーヴル宮殿に数百株を植えたとされている。16世紀になると、フランス、イタリア、イングランドの庭師の間でイチゴ栽培が広まっていった。

当時の農学者オリビエ・ドゥ・セールは著書『農業経営論 *Le Théâtre d'agriculture et mesnage des champs*』で「イチゴは花も実も観賞用庭園に適している」と推奨し、森林に生育する小さなキイチゴの実を大粒にするための手入れや管理方法についても説明している。イギリスの哲学者フランシス・ベーコンも、「荒れた」庭園を「自然の野生に近い状態」にしたいと願うイギリスの庭師たちに同様の助言をした。

クリストファー・スウィッツアー画。ジョン・パーキンソンの『日の当たる楽園、地上の楽園 *Paradisi in sole paradisus terrestris*』（1629年）の本扉。楽園のアダムとイヴが描かれ、イヴはイチゴを摘んでいる。

私なら庭園に木は1本も植えず、野バラとスイカズラの茂み、そして山ブドウを少々植えるだろう。地表近くにはスミレ、イチゴ、サクラソウ。これらの植物は日陰でよく育ち、甘い香りを放つからだ。

彼はまた、小さな塚を作り、そこに茂みを植えるように助言している。その茂みの「定番」として彼が挙げたのは「バラ、ジュニパー、ヒイラギ、バーベリー（ただし、花の香りが強いので一か所にかためないほうがよい）、赤スグリ、グースベリー、ローズマリー、月桂樹、野バラなど」だった。[1] ベーコンが提案した庭園では、ベリーは観賞用として用いられていた。17世紀のイングランドの家庭菜園は――少なくとも植物学者ジョン・パーキンソン（1629年刊『日の当たる楽園、地上の楽園 *Paradisi in sole paradisus terrestris; or, A Garden of All Sorts*』の著者）が設計した菜園では――食用のベリーは1種類、つまりイチゴだけだ。彼は薬用として葉や果汁を勧め、実についてはこう書いている。

イチゴの実は高級なごちそうとして食卓に上ることが多く、クラレットワイン、クリームまたはミルクとともに、砂糖を加えたものを誰もがよろこんで口にする。それ以外にも、味の良し悪しにかかわらず、暑い夏にはひんやりと口当たりのいい食べ物だ。[2]

## ◉より良いベリーを求めて

一般的なイチゴは広く栽培されて家庭でも手に入りやすくなり、野生のイチゴより実も大きくなった。初期にイチゴ栽培を推奨したひとり、イングランドのトーマス・ヒルは、著書『庭師の迷宮 *The Gardener's Labyrinth*』でイチゴの実について「労力はあまり必要としないが、庭師が丹精こめて育てれば立派な実が生り、生け垣に生育するキイチゴと同じ大きさの美しい実をつけるようになる」と述べている。[3]

アメリカで生育するイチゴは、イギリスのものよりも大きかった。ハドソン湾からルイジアナ州にかけて自生していたバージニアイチゴ（*F. virginiana*）は、新大陸発見によってヨーロッパに持ちこまれたためヨーロッパ原産のものより大粒で傷みにくく、また近縁種で味に定評のあるアメリカ原産のワイルドストロベリー（*F. vesca ssp.americana*）の倍の大きさだった。17世紀のバージニアの歴史家ロバート・ビバリーは、この州で豊かに生るイチゴを「世界のどのイチゴよりもおいしい」と称え、「あまりにも豊富に生るためわざわざ移植しようとする人はほとんどおらず、荒れた古い土地であっても野生の実を籠いっぱいに摘むことができる」と書いている。[4] バージニアイチゴは、栽培されるようになってさらに大粒にはなったが味は落ちたと言われ、愛好家の間では依然野生種が好まれ続けた。

アメリカの果樹園ではバージニアイチゴは栽培されていなかったが、フランスのルイ13世の宮廷庭師だったロバン家は、1624年に発行した『ルイ13世の庭園 *Jardin du roy Louis XIII*』でバージ

ジャック・ル・モイン・ド・モルグ「イチゴ」。1585年頃。

ニア種を紹介している。もっともパーキンソンは、葉の大きなアメリカのイチゴは大西洋を越えた新しい土地では特別な世話をしなければ「おいしい」実に育たないと記した。[5]

栽培イチゴの魅力のひとつは大粒の実だが、最も大きな品種はもともとヨーロッパ人が南アメリカで発見したものだ（南アメリカは大粒のブラックベリーの産地でもある）。その野生のチリイチゴ（*F. chiloensis*）は、スペイン人とインカ人の両親を持つ歴史家ガルシラーソ・デ・ラ・ベーガが1557年に「チリ」という名で記述を残しているが、それ以前にチリ中南部からアルゼンチン南部に住むマプチェ族やウイジチェ族が長年育てていた果実だ。デ・ラ・ベーガはこの果実を「味が良く、食用に適している」と評価し、「チリはとても低い場所で、ほぼ地面を這うように生えている。その果実はイチゴノキに似ており、大きさは同じだが形は球状ではなく、長い、心臓のような形をしている」と書いており、これはまさにイチゴに当てはまる。

1641年までチリに住んでいた宣教師によると、ほとんどの果実はたとえ果樹園のものでも自由に摘み取ることができたが、「イチゴ（スペイン語でFrutilla）だけは店で売られている。何キロにもわたって実が生っているのを見たことがあるが、栽培ものを買うと非常に高価だ」。さらに驚くべきことに「大きさは洋ナシほどで、ほとんどが赤い色をしているが、コンセプシオンという都市では白や黄色のものもある」。[6] チリイチゴをヨーロッパに送ったフランスの軍人アメデエ・フランソワ・フレジールは、1712年にその栽培についてこう記述している。

イチゴは小さな谷間の平原に生育し、フランスでも場所によって見かけるように近くの小川か

ニコラ・ゲラール「実物大のチリイチゴ」。アメデエ・フランソワ・フレジール著『南海の航海 *A Voyage to the South-sea*』の挿絵。

ら引水して水を撒いている。チリでは1年のうち2か月、冬場はせいぜい3か月しか雨が降らないからだ。〔中略〕この果実はコンセプシオン市やその周辺に大量に持ち帰られ、人々は市場で他の果実と一緒に売る。最も安い半レアル銀貨1枚で、キャベツの葉に包まれたイチゴを12〜24個買うことができる。[7]

キャベツの葉でくるんだ12個のイチゴは、アメリカ第3代大統領で庭いじりとイチゴが好きだったトーマス・ジェファーソンが100個採集しても「半パイント（約250グラム）」にしかならないと書いたヨーロッパの小粒のイチゴとは大違いだ。[8] フレジールは複数の苗木を入手し、その果実を「たいていはクルミ大で、なかには鶏卵ほどの大きさになる場合もある。色は白っぽい赤」だと表現したが、残念ながら「味はワイルドストロベリーよりもやや劣る」とのことだ。それでも、彼は1714年に半年かけて船でフランスに帰国する間に標本5株を育てることに成功する。そしてそのひとつを植物学者のアントワーヌ・ド・ジュシューに贈り、「王の庭園」で栽培してもらうように頼んだ。[9]

1730年代にはイングランドの庭師フィリップ・ミラーがチリイチゴの栽培を試みてそれなりの成功を収めているが、彼はチリ産のイチゴが「パリの王立庭園で数年にわたって実をつけている。以前ジュシュー氏に聞いたところでは、通常は小さなリンゴ大の実が生るらしい」と驚きを隠せなかった。[10] フレジールは最も大きな実をつける標本株を持ちこもうと熱心に取り組み、雌株ばかりを収集していた。だが、雄株がなければチリイチゴは実を結ばない。パリやブレスト近郊のプルガステル（フレジールが標本株を植えたと思われる場所）でイチゴが繁茂したのは、その土地でよく生っていたバージニアイチゴやジャコウイチゴ（*F. moschata*）の雄株と偶然交配した結果だ。

イチゴが雌雄異株《しゆういしゆ》であることは、フランスの若き博物学者アントワーヌ・ニコラ・デュシェーヌが *Fragaria* 属の研究を始めるまで知られていなかった。彼は1764年、19歳のときに当時の王立庭園の責任者を務めていた植物学者ベルナール・ド・ジュシューに弟子入りし、巨大な実をつけた見事なチリイチゴ（*F. chiloensis*）をルイ14世に見せている。この株が雌株であることを認識していたデュシェーヌは、雄株のジャコウイチゴの花粉を用いて結実させたのだ。ほかの庭師たちはこうした雄株が実をつけないからと引き抜いてしまい、その結果残った雌株も実をつけなかった。

1766年、デュシェーヌは『イチゴの自然史 *Histoire naturelle des fraisiers*』のなかで10種および8変種のイチゴを紹介し、さらに「パイン」（*F. x ananassa*）とも呼ばれていた、パイナップルに似た風味、匂い、形の大粒のオランダイチゴの起源について解説している。デュシェーヌは「オランダイチゴは北アメリカ産のスカーレットイチゴ（バージニアイチゴの別名）とチリイチゴの交配種」だと推測し、その理由をオランダイチゴが両者の特徴を兼ね備えているからだと説明した。この「パイン」は、オランダ、イギリス、フランスの植物園で一般的に栽培されていた。熱心な園芸家たちがチリイチゴとバージニアイチゴというふたつの外来種を偶然近くに植えた結果、現代の栽培品種の祖先が誕生したのだ。しかも、イチゴ栽培者にとって幸運なことに、この品種は雌雄同株だった。

1755年には、デュシェーヌは『イチゴの自然史』の補完でバース、カンタベリー、カロリーナなど数多くのパインの品種を確認している。その後、パインからはホヴィーやキーンズシードリングなど、数多くのイチゴ品種が誕生した。

19世紀の園芸家たちがイチゴに求めたのはサイズ、風味、生産性だけでなく、耐性の高さだった。1806年、ロンドン西部アイズルワースの園芸農業者マイケル・キーンズは白いチリイチゴの種を植え、そのうちのひとつの苗が非常に丈夫な株であることを発見する。風味は少々落ちるがロンドンに輸送しても傷まず、しかも大粒だった。1819年、キーンズはこの「特上の」イチゴの種からさらに優れた実を作り出す。この「キーンズシードリング」と名づけられた直径5センチほどもあるみずみずしい深紅のイチゴは大評判となり、親株と同じく丈夫で輸送にも適していた。

だが、ヨーロッパの品種は大西洋を越えたアメリカではなかなか成功しなかった。1820年以前、北アメリカの大半の苗木商はパインやチリイチゴを輸入していたが、どちらも厳しい気候に耐えられずに実を結ばず、単に庭の装飾という役割に甘んじていた。アメリカのイチゴ畑に生るのは国内原産のバージニアイチゴだけだったわけだが、1851年にニューヨーク州アルバニー近郊に住んでいたスコットランド人の苗木商ジェームズ・ウィルソンが、彼のイチゴ農園でパインのすばらしい個体を見つける。彼は、当時人気のあった園芸品種であるホヴィー、ブラックプリンス、ロスフェニックスとともに、入手可能なすべてのパイン種を植えていた。結果として自然交配種がいくつか作出され、そのひとつが自家受粉によって大きな実をつけ、しかも特別な手入れを必要としない種だったのだ。さらに注目すべきは、「とても丈夫で、それまで輸送や販売が難しいとされていた遠くの市場にも出荷することができた」ことだ。

後にウィルソンと命名されるこの品種の誕生によって、アメリカのイチゴは農業従事者が手間を

オーガスタ・ウィザーズの「キーンズシードリングイチゴ」をもとにしたJ・ワッツの銅版画。『ポモロジカル・マガジン *Pomological Magazine*』誌に掲載（1829年）。

イチゴの出荷用の箱に貼られていたラベル。Wm. エヴァーデルズ・サンズ社。ニューヨーク。1868年頃。

かけて育てる農産物から「誰でも楽しむことのできる果実」へと変貌した。[11] １８７０年代には、アメリカで栽培されるイチゴの90パーセントはウィルソンだと推定されている。もっとも、ウィルソンに欠点がまったくなかったわけではない。ある評論家は「ウィルソン種のイチゴを食べるくらいなら、カブを食べたほうがましだ」と言い放ち、有名なヘンリー・ウォード・ビーチャー牧師は宗教的見地から「この悪趣味なベリー」を強く非難している。

> これは無節操の産物とも言える最も邪悪な果実だ。栽培者はこれを口にする消費者のことなどお構いなしに、金儲けをするためだけに育てている。確かに、この実はあらゆる優れた特質を持っている。ただひとつ、「味」という点を除けば。

〔中略〕私は動物虐待防止協会に、すべての理性的な人々と一丸となり、ウィルソンのアルバニーシードリングイチゴの販売中止を訴える。[12]

批判を受け、味もいまひとつだったが、ウィルソン種のイチゴは1880年代まで圧倒的人気を誇り、栽培量が以前の100倍にもなった「イチゴブーム」に大きく貢献した。やがてイチゴ産業が南部のフロリダや西部のカリフォルニアへと移るにつれ、南部の暑さに耐え、冷蔵輸送が可能な別の品種が望まれるようになる。ヨーロッパの野イチゴの繊細な香りと味を愛していたデュシェーヌが生きていたら、苗木商たちが大量消費市場向けに開発した、大粒で硬く、耐性は高いが風味を失った新種のイチゴなどは断固として拒否したに違いない。

### ◉グースベリーフール

イチゴの歴史は、ベリー類のなかではやや例外的だ。ほかのベリーは食卓で重宝されても、盛んに栽培されることはあまりなかった。パーキンソンも家庭菜園にはイチゴ以外のベリーは植えなかったが、彼の果樹園ではリンゴ、モモ、ナシ、プラムに加えてラズベリー、グースベリー、バーベリー、赤スグリ、黒スグリが栽培されていた。ラズベリーは「夏の午後に食べる果実で、健康な者はもちろん病人でもその味を楽しむことができ」、スグリは「熱がこもった夏の胃」をすっきりさせると考えられていた。グースベリーも嗜好品として食されるほか、妊婦が体調を保つために食べるといいと言われている。コーネルベリー（*Cornus mas*）は「めずらしさと味を楽しむために」保存食として消費されるが、指や唇が果汁で汚れるマルベリーの実はあまり好まれなかった。イチゴノキは、「古代の書物にはどれも、この実を食べると胃や頭が痛くなると書かれている」[13]。

それから200年が経ち、グースベリー、ラズベリー、スグリはイチゴとともに、ヴィクトリア朝時代のイギリスのベリー市場や苗床取引の中心的存在となった。素人園芸家も農業従事者も同じように種をまき、最も生産性の高い植物や大きな実を探し、人工授粉させ、目を見張るような数の品種を生み出したのだ。

1842年に発行された「ロンドン園芸協会の庭園果樹カタログ Catalogue of the Fruits Cultivated in the Garden of the Horticultural Society of London」には、同協会所有の庭園で栽培されている数百の品種と、「劣性種」と見なされて栽培を取りやめた品種が紹介されている。イチゴについては26品種（および栽培を中止した76品種）が掲載されており、スグリの品種は13種類、マルベリーは1種のみ、ラズベリーは8種、グースベリーは149品種（協会の庭園で栽培する価値はないと判断された品種もほぼ同数）あった。

アメリカではイチゴ栽培が流行っていたが、イングランド（とスコットランド）が特に力を入れていたのはグースベリーだ。もちろん、フランスでもグースベリーが栽培されていたが、おもな用途はサバにかけるソース用で[14]、どうやらグースベリーの本当の良さには気づいていなかったらしい。

パリの人々はこのすばらしい果実に強い偏見を抱き、改良品種を不当に扱っているようだ。彼らはグースベリーの実が、単独で十分おいしいデザートになるとは露ほども思っていない。タルトにしたりサバにかけるソースの材料にしたりするのにちょうどいい、という見識しか持ち合わせていないとは。[15]

フランス人とは違い、イギリス人はグースベリーにぞっこんだった。「バラとユリの女王」と呼ばれたエリザベス1世の時代にヨーロッパから輸入されたグースベリーは17世紀には果樹園や庭園に植えられるようになり、ミッドランド地方やイングランド北部、スコットランドの涼しく湿った気候でよく育つことが広く知られた。大半のグースベリーは挿し木で繁殖したが、もちろん種から栽培されることもある。

栽培が盛んになるにつれ新しい色や形、味が生まれ、1740年には最初の「グースベリー同好会」まで結成されている。最も大きく重いグースベリーには賞が与えられ、植物を「ペット」と呼ぶ愛好家たちはできる限り大粒でずっしりとした実をつけさせるため、液体肥料や適切な剪定、傷みやすい果実の正しい扱い方などの技術や戦略を開発した。こうしたクラブが特に盛んだったのはランカシャー、チェシャー、スタフォードシャー、ノッティンガムシャー、ダービーシャー、ウェストライディングなどの工業地帯で、機械工や労働者の間で当時急激に高まりつつあった自然史や「きれいなもの」への関心を満たす役割を果たしていた。

ハトやウマ、ウサギなどを育てて品評会に出す人々もいたが、グースベリー愛好家は――大半が男性で、収穫するのは女性が多かったのと対照的だ――コテージガーデン［樹木や果樹、草花などを自然に近い形で植えた園芸様式］で植物のペットを育てていた。この趣味はとても人気があり、18世紀後半にはグースベリー品評会について、また1等に輝いたグースベリーについての出版物が全国で販売されるようになる。ほとんどのコンテストは地元のパブで開催され、優勝者には賞金や、ときにはやかんやスプーンセットが贈られた。1851年発行の「グースベリー生産者による記録データ Gooseberry Growers' Register」には、品評会の概要も紹介されている。

バーンズリー近郊アーズリーにあるジョージ・ウィルキンソン氏のコーチ・アンド・ホース亭にてグースベリー品評会開催を予定。会合の日時など詳細はすべて会員の合意のもと決定される。アシュトンアダーライン近郊のドロイルスデンのロバート・ハワード氏が所有するレイルウェイ亭にてグースベリー品評会を開催予定。第1回目の会合は1月1日、準備は復活祭の前日の土曜日から。ハワード氏からの2ポンド、ジョセフ・ヒルトン氏からの1ポンドを8つの賞に充て、1等賞には1ポンド、2〜4等はそれぞれ10シリング、5〜8等にはやかんを進呈する。計量日は8月の第1土曜日、会費4シリング、会合ごとに飲み物代として9ペンスを徴収。[16]

計量係はみな、宝石商のように正確に果実を評価した。金の重量である「トロイ」という単位を採用し、また軽い羽ですら計量できるほど正確な秤を使用したのだ。イギリスの自然科学者チャールズ・ダーウィンは、在来種の変種を調査するうちに自身も愛好家となり、54品種を栽培している。彼の記録によると野生のグースベリーの重さは約8グラムだが、1786年には愛好家たちによっ

オーガスタ・ウィザーズ『クロンプトンのシバの女王、グースベリー』をもとにしたJ・ワッツの作品。『ポモロジカル・マガジン *Pomological Magazine*』誌に掲載（1828年）。

てその2倍の重さの実が作られていた。1830年にはティーザーという品種が野生種の6倍以上の重さの実を結び、1852年に333の賞を受賞した巨大なロンドン種の重さは58グラム、小ぶりのリンゴほどの大きさだった。

ダーウィンは「グースベリー生産者による記録データ」の正確な記録によって、グースベリーの実が着実に巨大化していくようすを図示している。彼はこの変化を栽培技術の向上も一因だとしながら「だが、おもな理由はこのような並外れた果実が生る可能性が高い苗木を探し続け、継続的に選択したことだ」として、芸術や自然における選択の役割についての持論を明確に示した。[17]

グースベリーはダーウィンの時代に全盛期を迎え、1861年には161の品評会が開催されたが、その後趣味の園芸としての人気は低下し、現在ではイギリスにいくつか、スウェーデンに唯一の同好会が残るのみだ。[18]

やがてグースベリー好きのイギリス人はアメリカ大陸に渡り、カナダやアメリカの初期の入植者たちは森に自生しているグースベリーを発見した。1832年にアッパー・カナダ［1791〜1842年に現在のオンタリオ州に存在していたイギリスの植民地］の奥地に移住したキャサリン・パー・トレイルは、野生のグースベリーの果実は「トゲがあり、集めるのが大変」だと感じていたが、入植者の間では「粗末な食卓が華やぐ」として人気だった。熟す前の実はパイやプディングの材料にしたり、やわらかくなった後は砂糖やミルクと混ぜたりして供される。熟した実は「ちくちくした皮が邪魔で」満足のいく保存食にはならなかったが、トレイルが諦め気味に記しているように、「食卓を少しにぎやかにしたいと思ったときにもってこいの、手頃な贅沢品のひとつ」だった。[19]

作家であり植物学者でもあるキャサリン・パー・トレイルは、アッパー・カナダの丸太小屋に住む新しい入植者たちにとって野生のグースベリーは手頃な贅沢品だと語った。タイタス・ヒバート・ウェア「オリリア・タウンシップのコールドウォーター・ロードに建つ2軒の小屋」。1844年。鉛筆画の上から水彩を施した作品。

アメリカ原産のグースベリーは、ヨーロッパから入ってきた品種がかかりやすいウドンコ病にも強い。アメリカの育種家は両方の長所を兼ね備えた丈夫な交配種を開発したが、イギリスとは違ってそこまでの人気は得られなかった。その理由は、交配種であっても実が小さく賞を獲るほどではなかったこと、また五葉マツ類発疹さび病に寄生されやすい性質を持っていたためだと思われる。

この感染病はヨーロッパから持ちこまれたもので、スグリやグースベリーを宿主《しゅくしゅ》とする。アメリカでは巨大なアメリカマツが最初は造船用に、その後は木材として保護されており、害をおよぼしかねないグースベリーの栽培は禁止された。こうして子供たちは何世代にもわたって猫のおしっこに似た新鮮な黒スグリのにおいを嗅ぐことも、熟す前のグースベリーの甘い酸味を味わうことも、さらに言えばグースベリーフール「グースベリーを泡立てたクリームを混ぜ合わせたデザート」という夏の楽しみを味わうこともなく育ったのだ。[18]

世紀の有名な家庭料理作家ハナー・グラスは、フールの正しい作り方を読者に次のように紹介している。

### グースベリーフール

約2キロのグースベリーに約1リットルの水を加えて火にかける。煮立って実が黄色になり、ふっくらしてきたらざるに上げて水気を切る。果肉をスプーンの背で丁寧につぶしてから皿に移し、砂糖をたっぷり加えてよく冷ます。その間に、新鮮な牛乳2リットルと卵4個分の黄身に、すりおろしたナツメグを少し加えて泡立てる。これをとろ火にかけて静かにかき混ぜ、煮立ってきたら火を止め、少しずつグースベリーを混ぜ入れる。十分に冷めてから盛りつける。牛乳ではなくクリームを使う場合、卵は入れなくてよい。より濃厚にするならグースベリーの量を増やせばよい。ただし、あまり多くなりすぎないよう、適切な量を心がけること。[20]

## ◉ブルーベリーの栽培化

北アメリカではグースベリーフールはあまり浸透しなかったが、ブルーベリーパイやハックルベリープディングはおなじみのデザートだった。ソローは「ハックルベリープディングを食べない夏など想像できるだろうか？　アメリカ人にとってのハックルベリープディングは、イギリス人にとってのプラムプディングだ」と熱っぽく語っている。[21] そもそもブルーベリーは、しばしば混同されるハックルベリーと同じくスグリやブドウの代用品として、生または乾燥させてプディングに混ぜこむ材料に用いられていたが、これはおそらく先住民から取り入れた慣習だろう。今ではアメリカでアップルパイと並ぶデザートの代表格となったブルーベリーパイ、そのレシピが初めて登場したのは1850年だ。[22] 都合のいいことに、パイの材料となる野生のブルーベリーはふんだんにあった。

ブルーベリーは栽培や改良に向かないことで有名で、栽培家たちは丈夫な野生種の株を引き抜き、農地に移植して手間暇かけて肥料を与え、そのあげくに枯れていくのをただ見つめるのが常だった。やがてベリーの栽培史の後半にあたる1911年に、アメリカ農務省（USDA）が『ブルーベリーの実験栽培 *Experiments in Blueberry Culture*』を刊行する。これを書いた農務省の首席植物学者フレデリック・バーノン・コーヴィルは、何年もの紆余曲折の末にあることを発見した。栽培家は普通作物がよく育つとされる豊かなアルカリ性土壌を維持するため努力を重ねているが、ブルーベリーには適さなかったのだ。しかも、肥料も逆効果になる。必要なのは「農業の基本原則」に反して「普通の植物ならその毒性や栄養素の不足により枯れてしまうほどの酸性」土壌であり、この環境はクランベリーの湿原に似ているとコーヴィルは指摘した。

北アメリカ最大のクランベリー生産者の娘で、その産地で育ったエリザベス・ホワイトは、彼の研究成果を読んでおおいに納得したという。彼女いわく「幼なじみとも言えるハックルベリーやクランベリーについて、まったく新しい見方ができるようになりました」。

『ブルーベリーの実験栽培』はとても興味深かった。これを読んで初めて、わが家が所有する湿原や小川の水が酸性であり、そのため湿原の水が茶色だということを知ったのだ。〔中略〕

農務省の首席植物学者フレデリック・バーノン・コーヴィル（1867 ～ 1937年）

ニュージャージー州ホワイツボッグのパインバレンの茶色い水

ブルーベリーやクランベリーなど、酸性土壌で育つほとんどの植物の根は共生菌となり、詳しい仕組みはいまだに解明されていないが、とにかくこの根が成長に必要な窒素を取りこむのに役立つということも初めて知った。[23]

ホワイトはより質のよいブルーベリーを育てるためにコーヴィルに協力を求めた。コーヴィルは報告書のなかで「市場向け作物という観点からブルーベリーが優れているのは、大きさ、色、そして『乾燥度』と『肉厚さ』」だと述べている。また、ブルーベリーの栽培では手摘みの費用がかさむ分、大粒の実を育てる必要があると説いた。「大粒な実がたくさんつけば、収穫に必要な費用を大幅に削減できる」[24]。また、ブルーベリーは自家受精できないため交配が必要だった。1911年、コーヴィルはハイブッシュブルーベリーとローブッシュブルーベリーを交配し、誕生した2種の交配種にブルックスとラッセルという名をつけた。[25] その後彼は2年間で3000種以上の交配を行ったが、その多くはホワイトが入手した野生種を利用している。

ホワイトは近隣のニュージャージー州パインバレンに住む「パイニー」と呼ばれる人々の知識を頼りに、沼地に生える典型的なハイブッシュブルーベリー（*Vaccinium corymbosum*）の低木を収集し、交配プログラムに使用した。ふたりはニュージャージー州ホワイツボッグの「小規模な実験農場」で試行錯誤しながら作業を進めた。大きさは確かに重要だが、大粒の実のなかには食感の悪いもの、雨が降ると裂果《れっか》してしまうもの、果皮が硬すぎるものもある。何千本もの木を切り倒して実験に使い、失敗して燃やすということを繰り返しながらも1916年には1000本の交配種の苗を植え、

郵便はがき

料金受取人払郵便

新宿局承認

6848

差出有効期限
2023年9月
30日まで

切手をはら
ずにお出し
下さい

160-8791

343

（受取人）
東京都新宿区
新宿一－二五－一三

原書房

読者係 行

1608791343 7

## 図書注文書（当社刊行物のご注文にご利用下さい）

| 書名 | 本体価格 | 申込数 |
|---|---|---|
| | | |
| | | |
| | | |

お名前　　　　注文日　　年　　月

ご連絡先電話番号　□自　宅　（　　　）
（必ずご記入ください）　□勤務先　（　　　）

ご指定書店（地区　　　）（お買つけの書店名をご記入下さい）　帳合

書店名　　　書店（　　　店）

5957

花と木の図書館 **ベリーの文化誌**

**愛読者カード**　ヴィクトリア・ディッケンソン 著

より良い出版の参考のために、以下のアンケートにご協力をお願いします。＊但し、
後あなたの個人情報(住所・氏名・電話・メールなど)を使って、原書房のご案内な
を送って欲しくないという方は、右の□に×印を付けてください。 □

リガナ
**名前**　男・女（　　歳）

**住所**　〒　　－

市　町
郡　村
TEL（　　）
e-mail　@

**職業**　1会社員　2自営業　3公務員　4教育関係
5学生　6主婦　7その他（　　）

**買い求めのポイント**
1テーマに興味があった　2内容がおもしろそうだった
3タイトル　4表紙デザイン　5著者　6帯の文句
7広告を見て(新聞名・雑誌名　　)
8書評を読んで(新聞名・雑誌名　　)
9その他（　　）

**好きな本のジャンル**
1ミステリー・エンターテインメント
2その他の小説・エッセイ　3ノンフィクション
4人文・歴史　その他(5天声人語　6軍事　7　　)

**購読新聞雑誌**

書への感想、また読んでみたい作家、テーマなどございましたらお聞かせください。

1918年に初めて生ったブルーベリーの実の販売に至る。1921年には16エーカー（6・5ヘクタール）のブルーベリー検定農地を設け、2万7000種の交配苗を植えた。そのうち1万8000本の交配種が実を結び、そこから4種の交配種を選んでほかの生産者に販売している。こうして、難しいと言われてきた野生ブルーベリーの栽培がついに成功した。

1915年には1エーカー（約0・4ヘクタール）あたり37ドルだったホワイツボッグのブルーベリーは1920年には1エーカーあたり1280ドル、果実の直径はコンコート種のブドウとほぼ同じ19ミリになっていた。手摘みされた果実はヨーロッパから輸入した透明なセロファンで包装され、ニューヨークの市場でかなりの高値で販売された。ホワイトは「ブルーベリーの女王」として有名になり、ホワイツボッグのブルーベリーは「沼地の宝石」と呼ばれるようになる。

ホワイトとコーヴィルはその後別々の道を歩むことになったが、彼女は実の大きさが均一で、収穫や機械による選別が容易な植物の開発を続けた。1923年には「悪質な業者が、接ぎ木された高品質の交配種だと偽って粗悪な野生のブルーベリーを売っているらしい」という報道が出る。[26] 栽培種のブルーベリーはついに、ソローが「繊細な風味を持ち、果皮は薄く冷涼で、最も神々しい果実」と呼んだ近縁種、小さな実を地面に抱く野生種のブルーベリー（*Vaccinium pennsylvanicum*）に勝利したのだ。[27] ちなみに、現在高値で取引されているのは強い風味を持つ野生のブルーベリーであり、サイズは問題視されていない。

## ◉クランベリー栽培の変遷

ブルーベリーの女王ことエリザベス・ホワイトがもともと一家で栽培していたのは、アメリカ原産のクランベリーだ。大粒のクランベリー（*Vaccinium macrocarpon*）はニューファンドランドからニューイングランド、ウィスコンシンからアーカンソー、そして太平洋岸北西部のひんやりとした酸性の湿地帯や沼地に生育していた。19世紀初頭まで、アメリカの家庭でクランベリーソースやクランベリーパイを作る際には、野生のクランベリーを摘んで材料にするのが普通だった。1810年、マサチューセッツ州ケープコッドの農業主ヘンリー・ホールは、野生のクランベリーは砂が風で吹き溜まった場所でよく育つことを発見する。そこで彼は沼の水を抜き、砂を敷いた場所にクランベリーと土を移植した。すると植物は実をつけ、これがアメリカのクランベリー産業の発祥となったのだ。栽培家たちは成長をうながすために溝を掘り、水を抜き、砂を撒き、再び水をたっぷりと張った。1860年代に入るとクランベリーブームが起こり、投機家たちはゴールドラッシュさながらにこの赤い実を求めて沼地や湿地帯を掘り起こした。ニュージャージー州の新聞は、クランベリーがもたらす経済効果を期待するこんな記事を掲載している。

ニュージャージー州オーシャン郡の人々はこの春、かつてない意気込みと熱意を持ってクランベリービジネスに取り組んでいる。広大な沼地が開拓され、何千エーカーもの土地にクランベリーが植えられる見通しだ。そこには間違いなく大金が潜んでいる。[28]

イーストマン・ジョンソン「クランベリーの収穫　ナンタケット島にて」。1880年　油彩。キャンバス。

たしかに、クランベリーには一獲千金のチャンスが潜んでいた。栽培に成功してクランベリー帝国を築き上げたホワイツボッグのホワイト家という前例もある。あの有能なエリザベス・ホワイトの父ジョセフは1870年に『クランベリー栽培の変遷 *Cranberry Culture*』を出版し、一家が苦労の末に会得した経験を披露した。たとえば実を腐らせない方法、クランベリーを水に浸して害虫を駆除する方法、摘み取って梱包する方法、実を転がして丈夫なベリーと質の悪いベリーを仕分ける方法（腐った実はうまく転がらない）などだ。

新しく開発した湿地に移植されたクランベリーはおもに野生種で、色や大きさ、生産性を考慮して農場主たちが自ら選んだものだった。アーリーブラックという品種は1835年にマサチューセッツ州で初めて生育されたもので、今でも市場向けに栽培されている。開発者の名を冠したマクファーリンは1874年にマサチューセッツ州サウスカーバーの湿原から、ポッターは1890年にウィスコンシン州の湿原から厳選された品種だ。

1920年代には、ヨコバイを媒介した細菌に大規模なク

摘み取り作業では、クランベリーの多くはつるからはじき出されて地面に落ちる。その後、沼地に水を張り、ハイドロプレーン［モーターボートの一種］で攪拌してクランベリーを浮かせてから収穫した（ニュージャージー州バーリントン郡、アーサー・ロススタイン撮影、1938年10月）。

ランベリー農地が感染するという事態が起こった。これをきっかけにアメリカ農務省は組織的な育種プログラムに着手し、ヨコバイがもたらす病原菌に耐性のある品種の開発が始まる。やがて、開発品種の基準はより大きく、よりあざやかな、より引き締まった実へと移行し、1950年代にスティーブンスという品種が誕生する。スティーブンスは野生のマクファーリンとポッターの交配種で、現在栽培されているクランベリーの多くはこの品種だ。[29]

新しく導入された機械で栽培や収穫を行っても実が傷まないよう、ベリーにはさらに丈夫さが求められるようになる。1920年代までは乾いた畑で女性や子供が手際よく実を摘み取ったり、屈強な男性が鋼鉄の歯のついた重い木箱でベリーをすくい取ったりしていた。だが、くし状の回転する部品がついた

「改良型クランベリー摘み取り機」と呼ばれるトラクターに似た機器が登場し、1950年代には150人の摘み取り作業者に代わって、（20〜30パーセントの摘み残しがあるものの）15人の男性が芝刈り機サイズの小型機械で農地をまわって収穫を行うようになった。湿地での新しい収穫技術の導入が進むにつれ、必要とされる労働力は縮小していったのだ。

クランベリーの実には小さな空洞がいくつかあり、広大な商業用の湿原に水が張られると実が表面に浮かんでくる。水中を攪拌機でかき混ぜるうちに実はつるから「はじき出され」、それを集めて収穫するというのが現在のおもなやり方だ。濡れたクランベリーは乾いた状態で収穫されたものよりも腐りやすいため、木箱に詰めて出荷する代わりに缶詰用に加工するのが主流となっている。

## ●ボイセンベリー、ポイズンベリー

ブラックベリーは「約3万5千年前、最後の氷河期が始まるずっと前から北半球の一部を独り占めしてきたならず者」と呼ばれている。[30] それは言いすぎかもしれないが、野生のブラックベリー（*Rubus sp.*）が広範囲で多量に生育していることは確かだ。*Rubus* 属は南極大陸を除くすべての大陸に分布しているが、最も多くの種が生育しているのはユーラシア大陸と北アメリカ大陸であり、森や雑木林で大量に茂り、摘みに来た者の服をトゲで引っかき、手を果汁で汚すことで知られている。近縁種のラズベリーも同様の分布を示すが、歴史を振り返るとラズベリーのほうがその風味を高く評価され、16世紀からヨーロッパの庭園で栽培されてきた。

ブラックベリーはあまりにも広く普及しているため（そして侵略種であるため）、計画的に栽培

ポピーの花を調べるルーサー・バーバンク（1849 ～ 1926年）

しようという動きはほとんどなかった。例外は、熱心にブラックベリーを栽培したルーサー・バーバンクだ。バーバンクはアメリカの育種家および園芸家で、優れた能力と並外れて強い熱意を持っていた。彼は1926年に死去するまで半世紀におよび800以上の植物の品種改良を行っている。有名なものにシャスタ・デイジー、サンタ・ローザ（プラム）、ラセット・バーバンク（ジャガイモ）などがあるが、彼は特にベリー類を好んで「果樹園芸界のシンデレラ」と見なしていた。

ダーウィン淘汰の信奉者だった彼は世界中から品種を募り、20エーカー（8ヘクタール）の区画で何千本もの苗を使って改良、異種交配、戻し交配［交配によって作出した種に両親の片方を交配すること］を行い、理想通りの実を結ばなかったものはためらいなく廃棄した。バーバンクの品種改良は計画的に管理されたものではなく——その記録はほとんど残っていない——ときにはリンゴとブラックベリー、イチゴとラズベリーのような一風変わった交配も行っていたようだ。

最も議論を呼んだのがアフリカ産の硬い毛に覆われたナイトシェード（*Solanum guineense*）と、うぶ毛に覆われた小さなナイトシェード（*S. villosum*）の交配種だ。両者ともナス科の植物だが親株として好ましいとは言えず、アフリカ産のほうは味がひどく、小さなナイトシェードは風味がほとんどなかった。しかも、毒性が強いというわけではないが、どちらも怪しげな代物だと見なされていたのだ。バーバンクはこの交配種を「サンベリー」と名づけ、苗木商のルイス・チャイルズに販売した。チャイルズはすぐに「ワンダーベリー」と改名し、まるでサーカスの呼びこみさながらに熱心に宣伝している。

苗木商Ｅ・Ｗ・レイドの「苗木カタログ」。1896年春版。バーバンクが開発したプラムやエウレカという名のラズベリーも描かれている。

ワンダーベリー（*Solanum nigrum*）

ルーサー・バーバンクの最新にして最高傑作。ブルーベリーに似た、大粒で豊かな味わいの藍色の実をつけます。食べ方はご自由、とにかく極上の味に間違いなし。〔中略〕史上最強の果実。世界で最も簡単に栽培でき、場所を問わず育てやすく、大量の実が生ります。[31]

だが、多くの人がワンダーベリーをこれとよく似て毒性の強いデッドリーナイトシェード（*Atropa belladonna*）と混同し、さらにチャイルズはヨーロッパ、アフリカ、アジア、そして南アメリカですでに食べられていたブラックナイトシェード（*S. nigrum*）をバーバンクの新しい交配種として宣伝していると非難された。バーバンクは、ジャガイモやトマト、ナス（かつては「狂ったリンゴ *mala insana*」と呼ばれていた）もナス科の植物だと指摘し、自分が作出した品種は優れた農作物だと反論している。その際、彼は熱心な園芸家でもある大学教授から届いた手紙を引用した。「知り合いの弁護士がサンベリーを植えたものの、毒性の強いナイトシェードに似ているという理由ですべて引き抜いてしまいました。ですが、私がサンベリーのパイを送ったところ、彼は自分の間違いに気づいたのです[32]」。

バーバンクは大の子供好きで、幼児でも怪我をせずにベリー摘みができるようにと、トゲなしのブラックベリーの開発にも力を注いだ。彼は１８８０年代にインドからブラックベリーの種子を輸入していたが、じつはそれ以前にヨーロッパ産のブラックベリー（*R. armeniacus*）がインドに持ちこまれていた。このことを知った彼はいつものように交配を繰り返し、その結果これまでよりも実が大きく、トゲのないブラックベリーを完成させる。この「新改良品種」はヒマラヤジャイアント

ルーサー・バーバンクは「品種改良で白いブラックベリーも作出していた。ロートンとクリスタルホワイトという2種を慎重に交配したのだ。たいてい非常に甘く、豊かな実をつける」。『ルーサー・バーバンクが自然から人間にもたらした豊かな恵み *Luther Burbank's Bounties from Nature to Man*』(1911年)より。

と名づけられた。

ところが、多くのブラックベリーと同様に大量に実をつけたこの品種は、ブラックベリー特有の遺伝的変異性の高さを発揮してトゲなしという栽培種の属性をはじき出してしまう。やがてベリー好きの鳥がこの生命力の強いブラックベリーの種を太平洋岸北西部にまき散らし、ヒマラヤジャイアントは有害でトゲだらけの厄介者と見なされるようになってしまった。

もっとも、なかには成功を収めた品種もある。そのひとつがフェノメナルと呼ばれるローガンベリーだ。このベリーはもともと1881年にカリフォルニア州サンタクルーズのローガン判事の庭園でラズベリーとブラックベリーの交配種として誕生し、1890年に発表された。バーバンクは1894年に独自の交配を行い、1905年に「フェノメナル（驚異的な）」という大そうな名前をつけて発表する。この品種はいまでも栽培されており、1926年にルイジアナ州のアマチュア園芸家B・M・ヤングが交配した「ヤングベリー」の親株となった。ヤングはフェノメナルやほかのローガンベリーの栽培には失敗したものの、フェノメナルと地元の栽培品種オー스ティンメイズを交配して成功を収めたのだ。

だが、こうした新種のベリーよりも人気を集めたのは、カリフォルニア州ナパ郡のルーベン農場を経営するルドルフ・ボイセンが発見したボイセンベリーだ。ボイセンは南カリフォルニアに引っ越した際に苗を持ちこんで栽培したが、最終的にはベリーの栽培を止めて農場も手放した。やがて、メリーランド州の農務省に勤めていたジョージ・ダロウがこの大粒で甘みのある赤紫色の実をつける交配種の存在を知り、ホワイトがコーヴィルに協力を求めたように、彼も地元の苗木商ウォル

ウォルターとコーデリア・ナット夫妻と、ふたりの原点「ベリーの直売所」のレプリカ。1969年頃。数十年の間に異なるデザインの直売所がいくつか建造された。

ター・ナットの協力を得てこのブラックベリーの新品種を見つけて育てようと考えた。この取り組みは成功し、その後の経緯は園芸界では知らない者はいないだろう。

１９３２年、ナットはルドルフ・ボイゼンに敬意を表して「ボイセンベリー」と名づけた果実を通り沿いの直売所で販売し始め、１９３４年にはわずか１００本の木からひと籠４５４グラム入りの特大ベリーを２２００籠分も収穫するまでになった。ロサンゼルス・タイムズ紙は、ボイセンベリーを「カリフォルニア生まれの茂みの王様」と評している。20年後の１９５４年にはカリフォルニア州で最も重要なベリーとなり、この紫色の果実は２４００エーカー（９７０ヘクタール）の農地で栽培されるようになっていた。

ちなみに、このボイセンベリーは私が子供の頃市場に出始めた目新しい果実で、家族とカリフォルニアに行ったときに有名なナッツベリーファームでボイセンベリーを食べさせてあげると母に言われたことを覚えている。通り沿いにあったナットの直売所は、その後ディズニーランドと並ぶ一大アトラクション「ナッツベリーファーム」に発展を遂げていたのだ。

始まりは、1934年にウォルター・ナットが「チキン・ディナー・レストラン」を建設し、ナット夫人がフライドチキンと自慢のボイセンベリーパイを提供したことだった。夫人の料理は人気となり、地元の人々が大勢詰めかけた。そこでウォルターはレストランの長い順番待ちの間に楽しめるアトラクションを作ろうと考え、1950年代終盤に一家の農場はナッツベリーファームとゴーストタウンに変身を遂げる。敷地内にはお化け屋敷、西部開拓時代を再現した酒場、駅馬車、ブートヒル墓地［西部開拓時代に撃ち合いで命を落とした男たちが埋葬されている場所］などがあり、ボイゼンベリーパイと同様にいかにもアメリカ的な西部開拓時代を味わうことができた。

# 第5章　ベリーの保存食

瓶詰めも、酢漬けも、砂糖漬けも、すべて自然に任せるべきだ。
——ヘンリー・デイヴィッド・ソロー「ハックルベリー」

ヘンリー・デイヴィッド・ソローは田舎で暮らし旬の食材を食べることに重きを置き、こんな提言をした。「春に青々と茂り、秋に色濃く熟すものを育てるとよい。それぞれの季節の影響を薬のように飲むのだ。あらゆる治療薬を自分専用に調合した、真の万能薬として」。彼は野生のブドウに含まれる「夏の薬」を称賛する一方で、貯蔵室に保存されたワインは決して口にしなかった。ただし「ワインを飲みなさい」と彼は言う。「人の手で作ったものではなく、自然が瓶詰めしたワインを——ヤギ皮やブタ皮に注いだものではなく、数えきれないほどの美しいベリーの皮に包まれたワインを[1]」。

残念ながら、夏に実をつけるやわらかい果実が生育する温暖な地域では、この聖なる飲み物が手に入るのはごく短い間だけだ。そのため、ベリー愛好家たちは何千年もの間、夏の果実の味を長く暗い冬にも味わおうと保存食を作ってきた。果実のなかには比較的長く保存できるものもある。古

ポンペイのユリア・フェリックスの家の壁画。70年頃。

代ローマ人はリンゴをハチミツに漬けたり、ブドウを蒸溜水の入った樽に浸したり大麦の中に埋めたりして、旬の季節をすぎても食べられるように工夫していた。[2]

美食家だった古代ローマの料理人アピシウスが書いたとされる料理書『アピシウス』にはマルベリーの保存方法として、実を自らの果汁と新鮮なワインを混ぜたガラスの容器に「ねかせ」、その後水分が半分になるまで煮詰めるという方法が紹介されている。これは砂糖やハチミツを使わないシロップ漬けのようなものだと思われる。同じように、先住民の伝統的な食生活において多くの場合唯一の甘みはベリーだった。北アメリカでは、ベリーを丸ごと天日や焚き火で乾燥させたり(弱火で乾燥させることでビタミンが壊れるのを防ぐことができた)、つぶしてケーキやペミカンにしたりしていた。また、エルダーベリー、クランベリー、ソープベリーなど硬めのベリーは、水や油を張った容器に入れて保存しておくと冬の間に甘くなる。[3]

7世紀のフランシスコ会レコレ派の宣教師で記録係

を務めていたガブリエル・サガールは、ニューフランスに住むヒューロン族が冬に備えてブルーベリーを乾燥させていることを知り、「ちょうど私たちが天日で干しプラムを作るのと同じだ」と記した。また、イギリス出身でアメリカのニューイングランドに移住した神学者ロジャー・ウィリアムズは1643年、先住民は乾燥させたスグリ（ブドウとホートルベリーのことだと思われる）を「一年中保存している」と記録に残している。「それを粉末にして乾燥食と混ぜ合わせ、ソウトティーグと呼ばれるおいしいプディングを作る。これはイングランド人にとってのプラムケーキやスパイスケーキのようなものだ」[4]。また、ラップランド人は、イヌイットの人々と同様に甘いクラウドベリー（*Rubus chamaemorus*）を雪に埋めて保存したり、魚と一緒に茹でてやわらかいゼリー状の料理を作ったりしていた。

自然の冷蔵庫を持たないオーストラリアでは、ブッシュトマト（*Solanum centrale*）の小さな実を茂みに生ったまま天日乾燥させてから収穫する。南アメリカ、特にエクアドル、チリ、ペルーのベリー類が豊富な高地では、アンデスブルーベリー（*Vaccinium floribundum*）が通常年に2回実をつけ、生食やポリッジ［オートミールなどを水や牛乳で粥状に煮たもの］、ジュースなどにして消費するのが一般的だったが、年に2回収穫できるため、ほかのベリーに比べれば長期保存の必要性は低かった。甘いベリー類は世界各地に生育していたにもかかわらず、中世ヨーロッパの料理人にとって心惹かれる食材ではなかったようだ。果実を使ったレシピと言えばほぼイチジク、ブドウ、スグリ（ヨーロッパではレザン・ド・コリントと呼ばれる種）のことだった。ブドウは何千年も前から乾燥させたものが消費され、地中海交易で取引されていた。乾燥したバーベリーもインドで広く利用されていたが、草原や森で生育する一般的なベリーは食用として乾燥、保存されることはなかったようだ。

1465年頃に出版された『調理の書 *Libro de arte coquinaria*』には、野菜を使ったレシピは多いが果実はまったく出てこない。複数の初期の料理本を見ると唯一ブドウとスグリのレシピはあり、たまにグースベリーが登場する程度だ。14世紀に宮廷料理人のタイユヴァンが著した『食物譜 *Le Viandier*』には「必要な香辛料」という項目があり、料理に「緑色」がほしいときの食材としてグースベリーが挙げられている。スグリは肉料理のソースとしてブドウの代わりに、また鶏肉の詰め物として松の実とともに干しブドウの代わりに使われていた。[5]

イギリスではフランスよりもベリーが多用され、14世紀末に書かれた『料理の形式 *The Forme of Cury*』（複数の写本がある）には、「マーレイ（murrey）」または「モーリー（morree）」と呼ばれるマルベリープディングのレシピがある。[6] イチゴは森や庭園で広く入手でき、生のままミルクやクリームと一緒に楽しまれていたが、植物学者ジョン・ジェラードは著作『ハーブ大全 *Herball*』（1636年）のなかで「イチゴから得られる栄養素は低く、味も水っぽい」と苦言を呈し、さらにもしも胃の中で腐ると「栄養はゼロ」になると述べている。[7]

14世紀の料理人はイチゴを赤ワインで洗い、デンプンや米粉でとろみをつけたアーモンドミルクで煮たうえで、砂糖、サフラン、コショウ、ショウガ、シナモンなどで味つけしていた。これで水っぽいイチゴはさまざまな風味が混じったスパイシーなカスタードになり、さらにスグリを散らして酢と少量の白い油脂を加えて味を引き締めた。これに赤い着色料のアルケネード（イチゴの赤さだけでは十分ではなかったのだろうか、この着色料は20世紀にもよく使用されていた）が足され、ボウルに移してからザクロの種が振りかけられる。イギリス人が大好きなプディングの原型とも言えるデザートだ。[8]

チェシャーの田舎に住む人々は黒いホートルベリーをクリームやミルクと混ぜて楽しみ、薬局ではこの果汁にハチミツや砂糖を加えて煮つめたものが売られていた。この飲料は一般的に生の果実よりもはるかに好まれていた。生の果実を食べると「胃が冷えて不快感を覚える」が、甘いシロップなら大丈夫というわけだ。同様に、「フェンベリー（*V. oxycoccos*）」［クランベリーの別名］もシロップにしたほうがはるかにおいしいとされていた。「ベリーの果汁は濃くなるまで煮詰められ、保存に向くように砂糖が足されているが、これはどのベリーでもとても味がいい。いや、はるかに優れているというべきか」。[9]

ルネサンス期に教皇や王侯貴族の料理人を務めたイタリアのバルトロメオ・スカッピは著書『オペラ *Opera dell'arte del cucinare*』（1570年）にベリーのレシピをほとんど取り上げておらず、あったとしてもほぼ赤スグリのスープや、スグリ、イチゴ、マルベリーのソースなどの病人食だ。かろうじて赤スグリはゼリーの材料になるという記述があり、4月か5月に採れたイチゴをヤギ乳のプディングに加えるレシピも紹介されている。さらに、彼はグースベリーをウシの舌やズアオホオジロのタルトの味つけとしてブドウ果汁の代わりに、また上部が細長くねじれたカボチャの詰め物としてチーズ、パセリ、シナモン、砂糖とともに使用していた。[10]

## ◉ジャムとゼリー

収穫したベリーを旬の季節の短い楽しみから、一年中食べることのできる保存食に変えた立て役者は砂糖だ。砂糖は当初高価なスパイスとして取引され、中世の一般家庭では少量しか手に入らなかったが、16世紀の記録には貴族の晩餐会で客に砂糖菓子の雨を降らせるという余興が催されたり、料理を砂糖で作った皿に盛りつけ、最後には皿も割って食べたりしていたという記述が残っている。

17世紀に砂糖が広く普及して安価になるとハチミツに代わってベリー類の保存に使われるようになり、その量も現在とあまり変わらない。やがてフランスのある砂糖菓子職人が、食品貯蔵室を埋めつくすジャム、ゼリー、コンポート、シロップ、リキュールを作る調理場のようすを初めて本にまとめる。数多くの貴族の料理長を務めたフランソワ・マシアロが1692年、『ジャム、リキュール、果実の新指南書 *Nouvelle instruction pour les confitures, les liqueurs, et les fruits*』を出版し、フランスの菓子職人が収穫した果実を保存するさまざまな方法を記録したのだ。

フランス人はベリーだけでなくブドウ、リンゴ、洋ナシ、プラム、マルメロ、サクランボなど、フランスで手に入る数えきれないほどの果実を楽しんでいた。そのなかでもやはり小さなベリーは家庭をはじめさまざまな場所で重宝され、マシアロは5月にはグリーングースベリーを、その後は甘い野イチゴをそのまま食べたりコンポートにしたりして楽しんだ。6月にはラズベリー、レッドグースベリー、バーベリー、7月にはマルベリーが実を結ぶ。

彼は著書に、水やワインで洗ったイチゴに砂糖を振りかけ、深めの容器や磁器の皿に入れた「あ

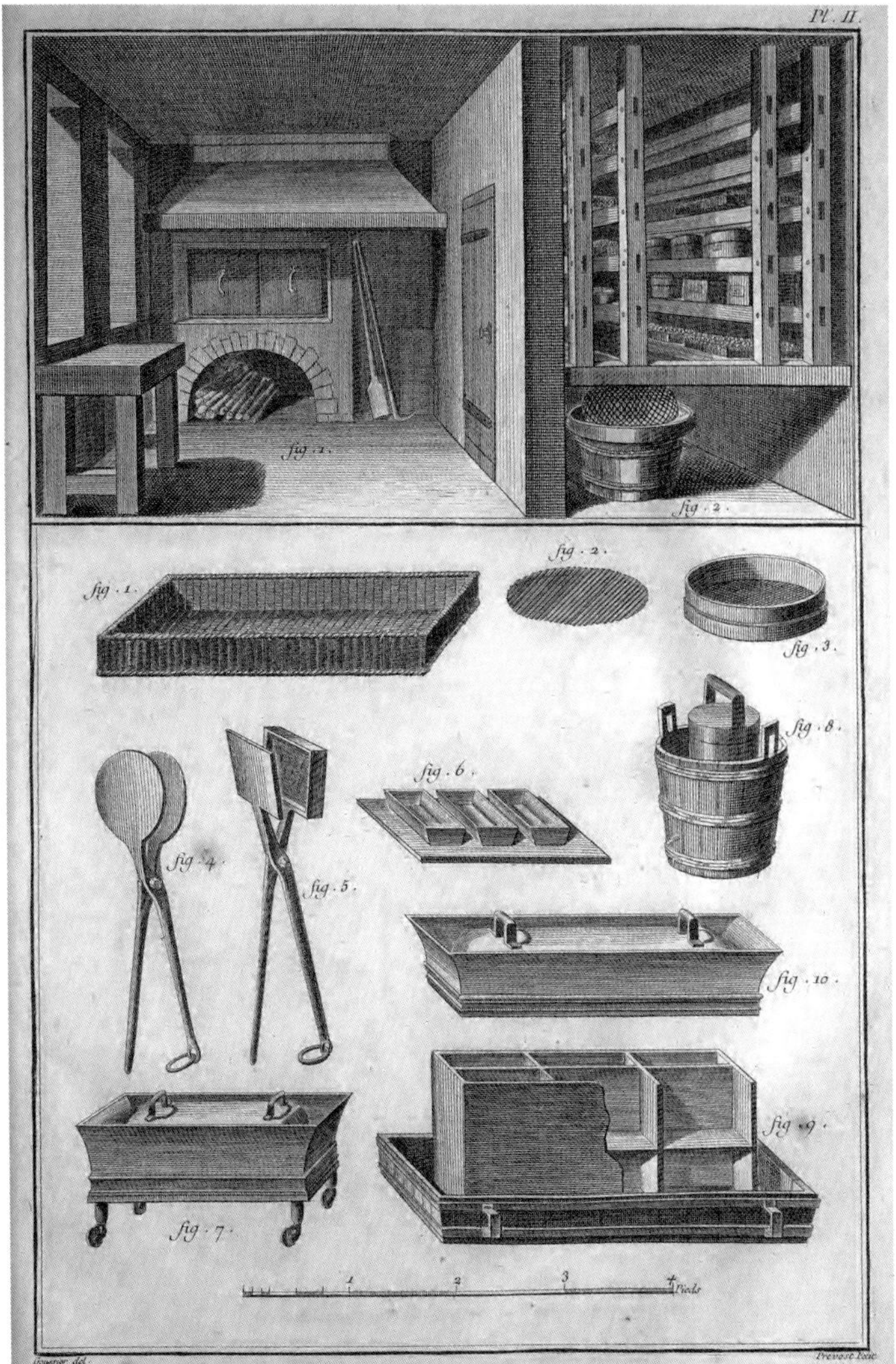


菓子職人の仕事道具。ドゥニ・ディドロとジャン・ル・ロン・ダランベールが編集した『百科全書 *Encyclopédie*』（1763年）より。

パート・ド・フリュイ・ドーベルニュ。フランスのソルセ地方で昔から作られている練り菓子だ。

らゆる人を魅了する魅惑的な香り」を放つデザートよりおいしいものがあるだろうか、と書いた。イチゴ、ラズベリー、グースベリーは、もちろんサクランボのように砂糖漬けにしてもいいし、グースベリーは砂糖で艶を出した「ブーケ・ド・フィーユ（可憐な花束）」というひと品にもなる。

　さらにマシアロは、新鮮なベリーの色や形、そして味を保つ巧い方法を考え出した。著書のなかで、彼はすぐに食べてもいいし保存食にもなるコンポートの作り方を紹介している。さらにゼリー、ジャム、マーマレード、パテのレシピもあり、パテは粘度が高くハートや四角、フルール・ド・リス「アイリスを様式化した意匠」の形をしたブリキの型に流しこむとそのまま固

果実店のラウンジ。1786年。容器に「ラタフィア（ratafia）」と書かれている。

まるほどだった（私がパリで味わった大きなよろこびのひとつは、1761年からパート・ド・フリュイ［果汁を煮詰めてペクチンで固める伝統的なフランス菓子］を製造、販売している店を見つけたことだ）。

　透明な果汁ゼリーとトゥール市の伝統的な方法で栽培されたグーズベリーに、実をつぶして漉した後のかすを煮たものを加えて食べるレシピもある。このレシピはベリーがたっぷりある場合にのみ作ることができるとマシアロは記し、そうでない場合は「少ないときにはすべて子供のものになる」という諺《ことわざ》どおり、漉しかすは子供たちのおやつになった。こうした保存食を作るには大量の砂糖が必要で、通常はベリー1ポンド（約450グラム）につき砂糖1ポンド、パテの場合はベリー1ポンドにつき砂糖2ポンドという割合だった。作った保存食はラベルをつけた瓶に入れて冷暗所に保存し、冬に取り出

ジャム壺が3つ並んだトレイ。セーヴル焼き。1761年。

して夏の思い出に浸りながら食べるのだ。[11]

マルベリーやグースベリーでシロップを作ることもあり、またグースベリー、ラズベリー、イチゴはさわやかな果実水にして旬の季節に飲んだり、ラズベリーとイチゴは蒸溜して強いリキュールにしたりすることもあった。こうしたおいしい飲料を小さじ半分から2杯飲めば心身に良い影響を与え、血液を浄化すると考えられていた。

フランスの菓子職人が作るラタフィアという飲料もあった。これは水に浸したサクランボの実と割った種（ビターアーモンドの風味を出すため）にコリアンダー、シナモン、クローブ、インドナガコショウでスパイスを効かせた強いリキュールで、イチゴやラズベリーのシロップで味つけしたり、ときにはグースベリーを加えたりすることもあった。

黒スグリはもともと料理人が好んで使う食

材ではなかったが、17世紀に東ヨーロッパから持ちこまれて庭園に植えられるようになった。ジェラードは「臭くて不快な味」と毛嫌いしたが、[12] 黒スグリはラタフィアの食材としても使われ、19世紀にはブルゴーニュの有名な食前酒クレーム・ド・カシスに発展する。

豪華なテーブルには保存加工したベリーが飾られ、ときには色とりどりのマーマレードを花壇の花に見立てた美しい模様のデザートが並んだ。16世紀イングランドの詩人ジャーベス・マーカムは『田舎のよろこび *Countrey Contentments; or, The English Huswife*』のなかで黄色、青、赤のプリザーブ「果実の形がある程度残っているジャム」、果実の砂糖漬け、マーマレード、コティニャック「果実のゼリー」を使ってクリームタルトに獣や紋章などの装飾的なデザインを施す方法を紹介している。[13]

また、マシアロはコンポートを磁器の皿に盛るべきだと主張した。陶磁器の窯があるサン＝クルーで作られたばかりの軟質磁器の皿に、深紅のイチゴのコンポートが盛られている光景が目に浮かぶようだ。ベリーは生や軽く煮たものを卵白に浸し、さらに砂糖を加えて固めると輝く宝石のように変身し、噛むと口の中で甘みが広がる。18世紀の「完璧な主婦」ハナー・グラスは、「緑色の葉と茎がついたままのサクランボ」を保存加工し、「デザートに飾ると、ろうそくの火できらめいていても美しい」と書いた。[14]

## ●家庭での保存法

19世紀半ばまで、夏の小さな果実を保存するのは家庭での作業であり、貯蔵庫の充実度はその家の主婦の能力の証しだった。ハナー・グラスの料理本はプロの菓子職人ではなく、家庭を切り盛り

塩釉（えんゆう）［焼成中に窯の内部に塩を投入して陶土のケイ酸と化学反応を起こさせる技法］を用いて焼いた石器のジャム壺。イギリスのベルパーで1799年に作られた。

し、料理人や使用人を抱える女主人のために書かれたものだ。[15] 彼女はゼリー、果実の砂糖漬け、マーマレード、ジャムの作り方を明快に、また便利なヒントを添えて読者に紹介した。完成品の出来は味や見た目だけでなく、次の夏までその保存食がもったかどうかで判断される。

グラスはベリー類、マルメロ、プラム、モモなどを石壺やガラス瓶に入れ、コルクで栓をしたり密封したりして保存した。ときには油を加えるかブランデーをたっぷり入れた容器に果実を漬け、湿らせた（あるいは乾いた）紙を容器にかぶせてから蓋をして乾燥した場所に保管することもあったという。彼女は酸味が強い実には「必ず石壺を使うように」と助言している。他の容器より高価かもしれないが保存状態が格段に違うからだ。「土製の容器だと酢や塩が浸透してしまうため、石かガラスの入れ物でなければならない」。グラスは赤スグリやバーベリーを砂糖と酢を混ぜた液に漬けて瓶に入れ、動物の胆のうと皮で作った袋をかぶせて保存した。[16] また、グースベリーを瓶に詰めてクリスマスまで保存し、ガチョウの添えものに使ったそうだ。

### グリーングースベリーをクリスマスまで保存する方法

湿気のない日を選んで大粒のグリーングースベリーを摘む。清潔で乾いた瓶を用意し、摘んだ実を入れてコルクで栓をしたら、水をたっぷり入れたやかんに漬ける。弱火で煮てグースベリーに火が半分ほど通ったところで瓶を取り出し、次の瓶と入れ替える。すべての瓶を煮たら、小さな土瓶で溶かした松やにを用意する。それを瓶の首に塗るとコルクのすき間から瓶に空気が入るのを防ぐことができる。湿気のない冷たく乾燥した場所に保管すると、やがて実はサクランボのように赤くなる。熱湯で煮ずに保存することもできるが、この場合は皮があまりやわらかくならず、またきれいな赤い色にもならない。[17]

また、グラスはブランデーやエルダーベリーシロップを加えたアルコール度の高い干しブドウのワインを樽で作ることもあり、イギリスの主婦が得意とするベリーワインもお手のものだったようだ。彼女はラズベリー、ブラックベリー、エルダーベリー、赤スグリの蒸溜酒を作り、必要に応じて白ワインやブランデーを加えてアルコール度を高め、保存した。

からりとした天気の良い日にスグリを摘み、実が完全に熟したら皮を剝いて大きな鍋に入れ、木の乳棒できれいにすりつぶす。これを鍋か桶で24時間醱酵させた後、目の細かいこし器で漉す。このとき、果汁に手をふれないように気をつける。この果実酒1ガロンにつき2ポンド半の白砂糖を入れ、よくかき混ぜて容器に入れる。6ガロンごとに1クォートのブランデーを入れて6週間寝かせる。仕上がりに問題がなければ、それを瓶に詰める。[18]

ロシアでも、短い夏の間にヴァレニエという有名な果実のプリザーブが作られていた。ヴァレニエはパンにつけて食べたり紅茶の甘味料として使われたりと、ロシア料理には欠かせない。ジャムやゼリーと呼ばれることも多いが、ヴァレニエは果実の形を保ったまま保存される。ハナー・グラスがグースベリーを瓶に詰めて煮たように、ヴァレニエも高温の砂糖シロップに浸して実をやわら

イチゴのヴァレニエ。アゼルバイジャンにて。

かくするとシロップは果実の色によって赤や琥珀、濃い紫の透き通るような液体になり、そこに宝石のような果実が浮かぶ。

ロシアの作家レオ・トルストイは、女性の手によって生み出されるこの甘いヴァレニエが、家庭の秩序を表す確かな象徴になりうることを知っていた。彼は小説『アンナ・カレーニナ』（1877年）のなかで、ヴァレニエ作りがベリーを使った料理という以上の意味を持つと示唆する場面を書いた。シチェルバツキー公爵家の女性たちは、今は成人したリョーヴィンの乳母をしていた年老いた家政婦、アガフィア・ミハイロヴナとヴァレニエの作り方について議論する。シチェバルツキー家の娘キティと結婚してこの一家と縁続きになったリョーヴィンは、公爵家の女性たちの間に漂う不穏さを察知し、ヴァレニエをめぐる論争のなかに一瞬「妻の家族の異質さ」を感じ取る。ヴァレニエ作りにア

セルゲイ・ミハイロヴィッチ・プロクジン＝ゴルスキー撮影「農民の娘たち」。ロシア帝国。1909年。キリロフの町の近く、シェクスナ川沿いにある伝統的な丸太家屋「イズバ」で、3人の娘が訪れる人にベリーを配っている。

ガフィア・ミハイロヴナはいつものように水を加えるが、リョーヴィンの新しい家族は水を加えないほうが果実は長持ちすると主張し、アガフィアのやり方を認めない（ロシアでは貯氷庫の氷をつかって食料を保存することもできたが、その豊富な氷もベリー摘みの季節が終わる頃には溶けていた）。やがて、公爵家のプリンセス、キティがきっぱりと言い放つ。「いいから私の忠告を聞いてちょうだい。鍋にラム酒を染みこませた紙を丸めてかぶせておけば、氷で保存する必要はないわ[19]」

南北戦争中に出版された『主婦百科 *The Housekeeper's Encyclopedia*』の著者、ハスケル夫人も同様のア

アポリナリー・ヴァスネツォフ「ジャムづくり」。1892年。油彩。キャンバス。

ドバイスをしている。彼女は家庭の主婦に向けて、瓶詰めの保存食はまずブランデーに浸したティッシュペーパーで蓋をし、次に溶いた卵白を浸した紙で蓋をしてしっかりと押さえるようにと説明した(蓋に内容物と作った日付を記入するという賢明な助言も添えてある。私はいつもこれをさぼってしまうのだが)[20]。彼女はまたイチゴ、ホートルベリー、ブラックベリー、ラズベリー、スグリを乾燥させ、紙袋に入れて密封したが、クランベリーは乾燥させずに水を張った桶に浸していた。

密閉した保存食の作り方を書いた『主婦百科』は「信頼できる方法を説明した初の出版物」だとハスケル夫人は自負している[21]。彼女はグースベリー、イチゴ、ラズベリー、スグリなどを丸ごと瓶に入れてしっかりと栓をし、冷水に浸して沸騰させていた。さらには、缶に果実と砂糖を入れて蓋をはんだづけした後千枚通しで蓋に小さな穴を開け、缶を湯煎にかけたら最後に再びはんだづけ

ベルンハルト・ドンドルフ「台所 no.80」。1840～1870年。手彩色のリトグラフ。フランクフルト。下の棚に紙をかぶせた瓶が描かれている。

するという複雑な方法で、オリジナルの果実の缶詰を作っている。もっとも、瓶や缶に詰めた食べ物を密封して熱湯に浸すという保存方法を最初に考案したのは、18世紀生まれのフランス菓子職人ニコラ・アペールだ。この製法はイギリスで改良され、19世紀初頭から家庭や工場などで食品保存に利用されていた。

　アメリカでは、メイン州のブルーベリーをブリキの缶詰めにしたことからブルーベリー産業が誕生する。南北戦争で南部の市場を失った多くのイワシ缶詰工場がブルーベリー工場に変わり、壊血病予防のためにブルーベリーの缶詰を北軍の兵士に供給したのだ。さらに、1858年にアメリカのブリキ職人がメイソンジャーを発明したことで

ウィル・グレーフェ「冬の備え」。『ウィメンズ・ワールド *Women's World*』誌（1915年9月号）。シカゴ。

家庭での瓶詰めや保存はより簡単になり、失敗も少なくなった。やがて亜鉛製のねじ式の蓋や、後にはガラス製のはめ込み式の蓋が登場し、瓶をしっかりと密閉することが可能になる。ジャムやゼリーの大量生産が普及するにつれ、ガラス瓶とねじ式の蓋はかつての石壺やセラミック製のジャム入れに取って代わっていった。

## ●保存食の工場生産

菓子作りの技術を確立したのがフランス人なら、ジャム作りを産業化したのはイギリス人だ。18世紀から19世紀にかけてのジャム作りのレシピは、家庭菜園があり、保存食を作るための道具や労働力を持つ余裕のある家庭を対象にしたものだった。多くの人が田舎から都市部へ移り住むようになり、大半の労働者階級が入手できる農産物といえばたまに食料品店に並ぶグースベリーや、規格外のイチゴくらいだったのだ。また、たとえ安価で簡単に手に入るにしても、摘み立ての果実の安全性を危ぶむ声も多く（新鮮なイチゴを食べたジェラードの言葉にもあったように）、労働者階級の食生活は単調で味気ないものだったと言えるだろう。

目の粗いパンをおいしく食べたい、そんなときに重宝したのが少量のジャムだ。[22] イギリスのクロス&ブラックウェル社は、ピクルスや魚の缶詰を製造する会社として起業し、1841年に世界で初めてジャムを大量生産した。1860年代には450トンもの果実を原料にジャムを製造している。[23] その後、ピンクス社（1861年）、ハートリー社（1871年）、シバーズ社（1873年）、さらには有名なマーマレード会社（ロバートソン社、ケイラー社、クーパー社、ジョン・モイア&

ジョン・モイア＆サン社「当社の長い経験とほかにはない優れた設備によって、質の高い商品が生まれるのです」。1870 ～ 1900年。広告カード。ロンドン。

サン社など）がこの事業に参入した。イギリスでは１８７０年代まで砂糖に重税が課せられていたため、初期の工場では利益を出すために倹約し、倉庫の床の塵でジャムを作っていたという報告もある。

公衆環境衛生を訴えていた医師で化学者でもあるアーサー・ヒル・ハッサル博士は、ヴィクトリア朝時代に保存食製造会社の悪質な行為を暴くべく闘った人物だ。当時はマーマレードのかさを増すためにカブやカボチャ、リンゴを足したり、グリーンゲージ種のプラムの緑色を濃くするために銅を加えたり、イチゴを赤くするためにビートの汁やアカミノキを入れたりということが行われていた。また、材料となる果実は豊富にあるにもかかわらず、製造業者はオリスの根で風味づけした赤スグリを「ラズベリー」のジャムとして販売していた。銅は、特に瓶詰めの果実に多く含まれていたことが、ハッサル博士宛に届いたある手紙に

エドワード・ペンフィールドが食品化学者ルイス・B・アリンのために書いた「純正食品キャンペーンに参加しよう。その方法とは？」［アリンは添加物を使用して劣悪な環境で製造される食品に反対する純正食品運動を推進していた］。『コリアーズ・マガジン *Collier's Magazine*』誌（1913年7月5日号）。

書かれている。

私は、この町で大手の食料品店でグースベリーの瓶詰めを購入し、パイを作ってもらいました。驚いたことに、調理したグースベリーは異様な緑色で、鉄製のフォークでひとつ食べてみると、あまりにも苦味が強く慌てて砂糖を取りにいったほどです。砂糖をかけ、フォークでグースベリーをつぶして口に運ぼうとしたとき、フォークの先があざやかな金属銅の色に染まっていることに気づきました。これが事実であることは、3名の知り合いが保証してくれるでしょう。そのうちのふたりは、このとき私と同じテーブルに着いていた人物です。[24]

実際、市販品の有害性や怪しげな混入物が

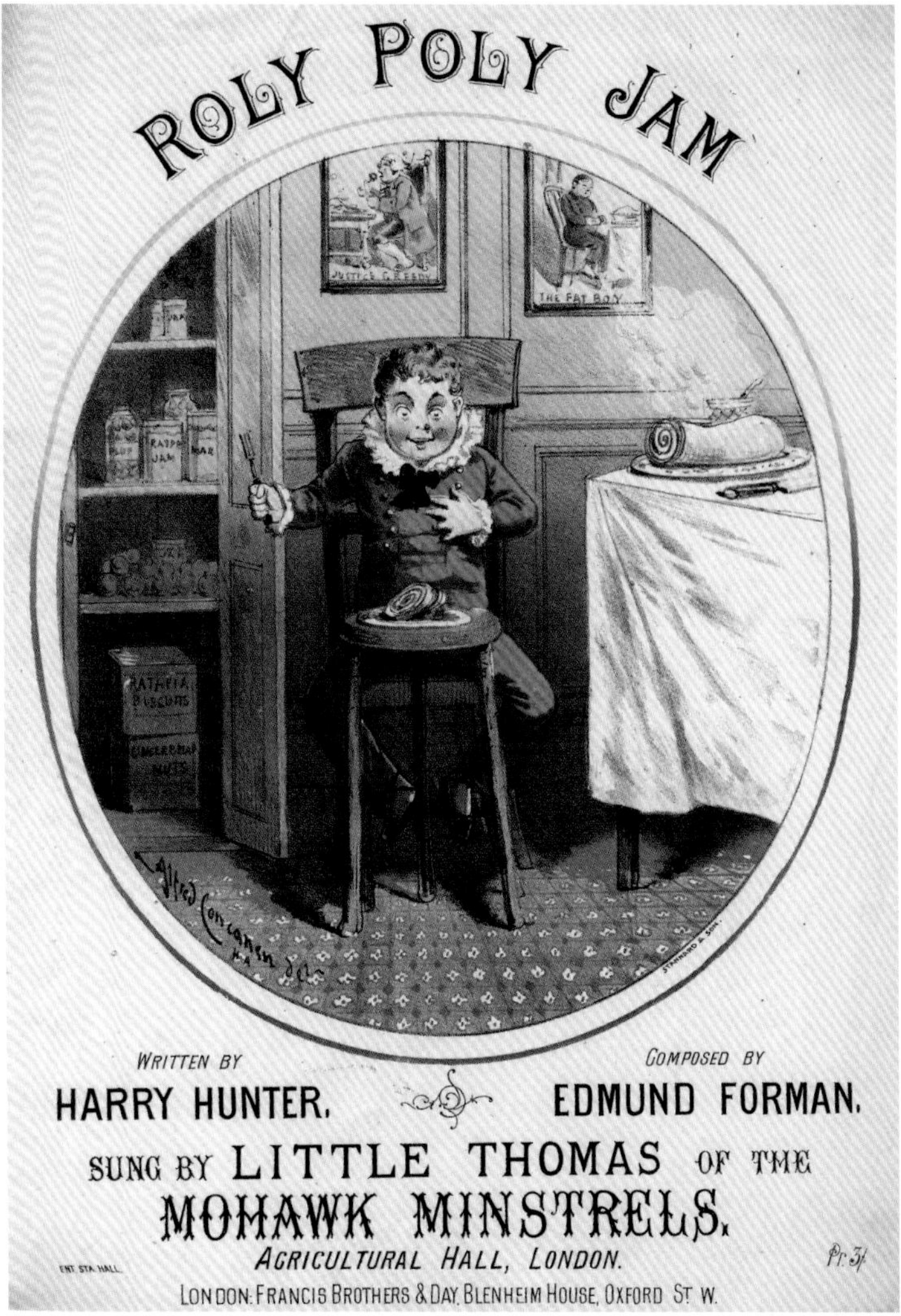


アルフレッド・コンカナン「ローリーポーリー・ジャム」。1859 ～ 1886年。楽譜用カバー。

不安視され、世の主婦は保存食を手作りすることを求められていた。ハッサル博士の告発によって一部の企業は製造方法を改善したが、一世代経っても状況は大きく変わらなかったようだ。1873年にタイディ博士という人物が、埠頭で押収された3630キロの劣悪なイチジクに世間の注意をうながした。そのイチジクは「腐っていてウジが湧いて」おり、とても商品になるようなものではなかったが、

それでもこのイチジクは糊や傷んだプラム、果実倉庫の塵などと混ぜてジャムの原料になる予定だった。こんな代物でも種子と少量のラズベリージャムを混ぜ合わせればそれなりに「ジャム」らしくなり、おもに貧しい人々を相手に「家族の保存食」、「王室のジャム」、「果実の砂糖漬け」「手作りのジャム」などとして平気で売られている。[25]

1880年代にイギリスのグラッドストーン首相がトウモロコシの代わりに果実栽培を推進すると、多くの製造業者がこの事業に参入した。医学雑誌『ブリティッシュ・メディカル・ジャーナル *British Medical Journal*』に掲載された報告書には、公衆衛生上の面からグラッドストーンの取り組みが賞賛されている。

人々は、バターとして売られているものがおいしくもなければ、安いものでもないことを知り始めた。また、（いわゆる）バターが1ポンドあたり15～20ペニーするのに対し、良質で安全

なジャムは7〜9ペニーで手に入る。ロンドンでは1ポンドあたり6ペニーで非常に良質なラズベリージャムも販売されていた。[26]

ジャムの品質が改善されたというのは朗報だった。というのも、工場で働く多くの女性にとって、ジャムつきパンと紅茶は日々の食事の大部分を占めていたからだ。第一次世界大戦の影響で、新鮮なベリーを扱う産業は大きな影響を受けた。政策の転換によって農場主は「贅沢な作物」の代わりにトウモロコシのように主食になるものを育てるよう奨励されたのだ。イギリスではイチゴの栽培面積が40パーセントも減少し、ジャムの供給量が激減した。ある専門家はこの損失を嘆き、国民にはジャムが必要だと主張した。「戦況が悪化しても不屈の精神に満ちていた国民はジャムを失い、代わりに怪しげなマーガリンが供給された。そのせいで、人々のすばらしい精神は蝕まれつつある」[27]。

第二次世界大戦では、ジャムの生産は逆の影響を受けた。畑や工場での仕事はより高い生産性を求められるようになり、イギリスやアメリカ政府はいつも家の台所で料理をしていた女性たちに目を向けたのだ。彼女たちは婦人農耕部隊に加入して畑で果実を収穫するだけでなく、収穫した果実を「保存」するよう指示された。1940年から1945年の間に、イギリスの婦人農耕部隊が保存した果実は5300トンを超え、これは50万人以上のイギリス人の1年分のジャムの配給量に相当する。[28]

19世紀末にはカナダ（E・D・スミス社）、アメリカ（J・M・スマッカー社）、スイス（ヒーロー社）でジャムの製造が始まった。砂糖菓子で有名なフランスでは、意外にも（または独自の伝統が

ロバート・ムーア・ブリンカーホフ「木に生る果実を使って砂糖を節約しよう」。1917～1919年。ポスター。

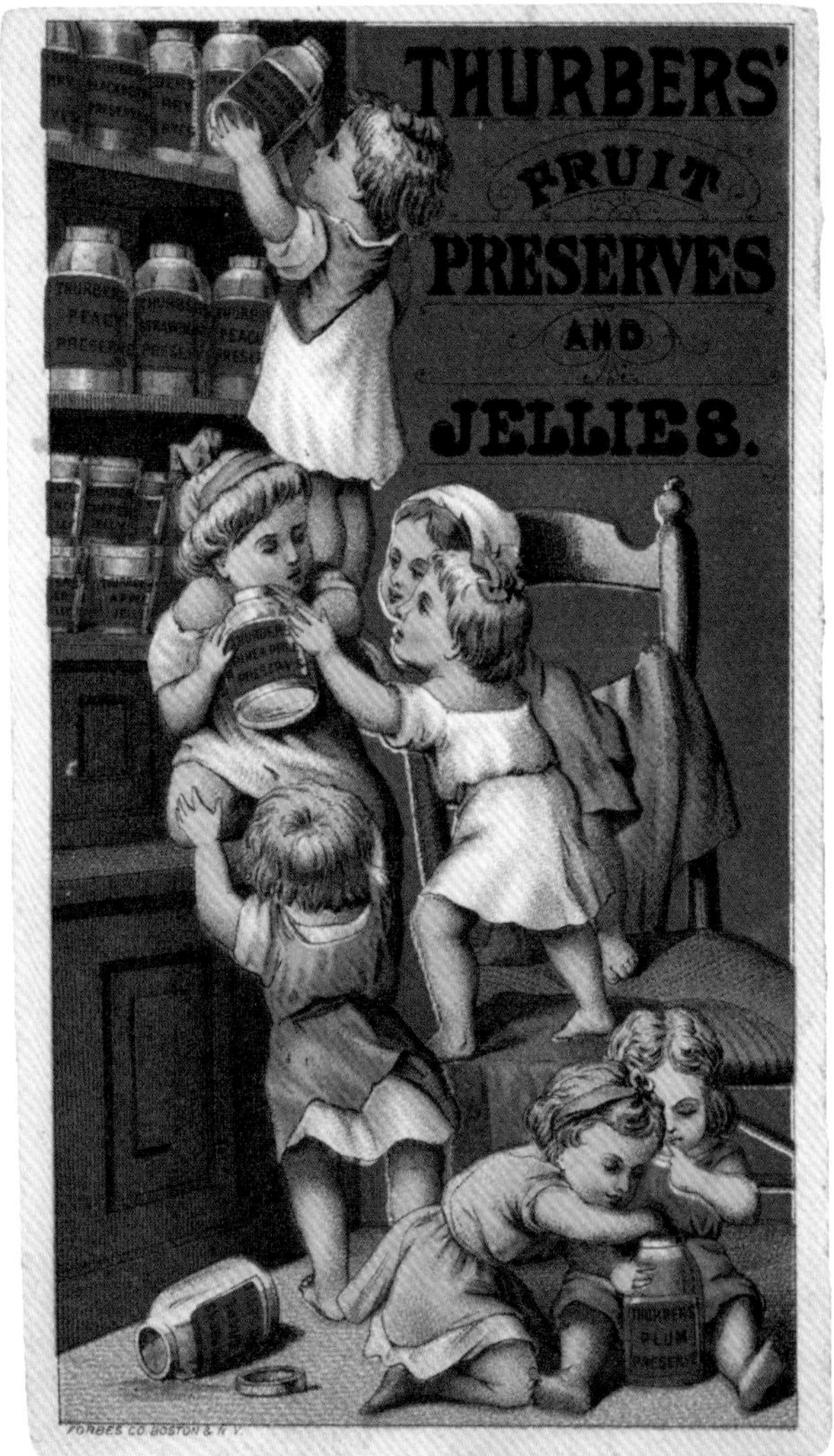


サーバーズの果物プリザーブとゼリー。広告カード。1870～1900年。フォーブス社。ボストン、ニューヨーク。

あるからこそ、と言うべきか）ジャムの産業市場への参入にやや後れをとったようだ。もともと食料品店を営んでいたフェリックス・ポタンという人物は1869年にラ・ヴィレットに工場を建設し、パリで販売される果実や野菜を加工した。1880年代にはさらに工場を2か所に設け、ポタン社のトレードマークである白い陶器の瓶に詰めたフルーツジャムを何十もの店に卸したが、これは保存食業界、そして小売業界に君臨したポタン社の製品のごく一部にすぎなかった。だが1930年代になると、フランスから輸入したイチゴなどの果実を原料にしたイギリス製のジャムがフランス市場を席巻し始める。また、フランス北部の町バル＝ル＝デュックのムーズ河畔に並ぶ小さな工場で作られるゼリーのように、地方の特産品はおもに国外への輸出用だった。

バル＝ル＝デュックのゼリー製造には黒スグリから種を取り出すという非常に手間のかかる作業が伴い、訓練を受けた労働者（おもに女性）が家に持ち帰って羽ペンで小さな種を取り出していた。工場と家庭での労働を組み合わせたこの形態は、ほかの産業でも用いられている。第二次世界大戦中に砂糖が配給制になったことをきっかけに、サンダルフォー社の創業者はワイン醸造で残ったブドウ果汁でジャムに甘みをつけた。もっとも、この家族のレシピをもとに会社が設立されたのは1984年になってからだ。また、ギンガムチェックの蓋がついたジャム瓶に手書き風の文字が書かれたラベルを貼って手作り感を演出しているボンヌママン社は、新たな目的を求めて女性たちが台所を離れ始めた1971年に、かつて木のスプーンや鍋で何世代もの主婦が作ってきた自家製ジャムを思わせる商品を売る会社として設立された。[29]

## ●自然界の薬

ベリーのことになるとソローの言葉は尽きない。彼は「自然の瓶詰め」だけではなく、「自然の薬」にもこだわった。

私たちは、春にクランベリーが与えてくれる多くの酸が必要だ。食卓でどんなタルトを食べたとしても、春に牧草地で摘んだクランベリーほど文字通り心を揺さぶり、この世界のすべてを経験したような気分にさせ、その酸味でさわやかさと元気をもたらし、精神を高揚させてくれることはない。クランベリーは冬の痰を切ってくれるので、この世界の新しい一年を他のソースなしに飲みこむことができる。[30]

ソローの熱烈な勧めにもかかわらず、新鮮なベリーは長い間おいしくも健康的でもないという評価を受けていた。イチゴは水っぽく、クラウドベリー（現在は「ノーザンゴールド」としても知られている）は癖がある味で口当たりが悪く、イチゴノキやブラックベリーは頭痛の原因になり、ホートルベリーは胃に悪い――少なくともハーブ学者のジョン・ジェラードはそう考えていた。

ジェラードが１５９７年に出版した大作『ハーブ大全』は、それ以前に書かれたフランドル地方の医師で植物学者でもあるレンベルト・ドドエンスの著作を許可なしで翻訳したものが下敷きになっており、両者ともガレノス、テオプラストス、ディオスコリデス、プリニウスなど古代ローマやギリシャの人物や、マティアス・デ・ロベル、シャルル・ド・レクルーズ、ジョン・トラデスカントなど16世紀の植物学者や育種家の著作をおおいに参考にしている。『ハーブ大全』には何百もの植物について、生育場所と特徴、開花時期、その植物ごとの「体温」、用途、長所などが記されていた。16世紀のハーブに関する書物は人間が冒されるあらゆる病を今に伝え、医師たちがさまざまな治療法を試み、調査し、期待していたことを教えてくれる。

ベリーはハーブ調合者や薬屋にとって重要な原料だった。果実は生で、または蒸溜されるか天日干しされたり、ハチミツや砂糖と混ぜてジャムやペーストにしたりして用いられ、葉や樹皮、根は水に浸したり、粉末にしたり、煮出してお茶にしたりして使われた。また、ジェラードは四体液説［血液、粘液、黄胆汁、黒胆汁の4種類を人間の基本体液とする説で、そのバランスが崩れると病気になるとされた］に基づき、植物のすべての部分の温度について言及した。

たとえばイチゴの場合、「葉や根は冷と乾の特徴を持ち、圧迫止血の作用がある。果実は冷と湿の特質を持つ」。そのため、「葉を煮て湿布のように貼ると、傷口の熱を取り除くことができる」とされていた。一方、果実は冷と湿なので、「喉の渇きを癒やし、胃の炎症や熱を和らげる」。また、イチゴの蒸溜酒は「白ワインと一緒に飲むと波立つ心を静め、精神を回復させ、心を陽気に」し、これで顔を洗うとシミが薄くなり、腎臓結石にも効く。[31] マートルベリーとネギの種子を混ぜたものは、「長年続いていた喀血を止める[32]」。また、彼は世間で評判の悪かったキイチゴも賞賛していた。「葉を患部に当てると肛門の腫れや尻のできもの、痔が治まる」。さらには、キイチゴの葉を水に浸し、ハチミツ、ニンニクの花、白ワイン少量を加えたものは、男女を問わず、口内の傷を治す最も優れた水薬または洗浄液となり、煎じ汁は歯を強くする。[33]

葉や実は、熱を冷まし、コレラによる下血を治し、口や歯茎の炎症を抑え、扁桃腺の腫れを和らげ、便秘を治し、蟯虫《ぎょうちゅう》を駆除し、吐き気を抑え、食欲を回復させ、歯痛を治す。また、「聖アントニウスの火」こと丹毒の治療薬ともなり、尿の出をよくして腎臓の石や砂利を流し出すとされた。化学薬品やミネラルを用いた治療法が台頭してからも、昔ながらのハーブ療法は行われていた。ジェラードは薬屋たちが「ロブ」と呼んでいたシロップについても説明しているが、これはブラックホートルベリーにハチミツと砂糖を加えて濃く煮詰めたものだ。このシロップは300年以上経った20世紀でもイギリスのハーブ研究家モード・グリーヴが著書『現代のハーブ *A Modern Herbal*』で「炎症性の喉の痛み」に効くと推奨している。[34]

輸入ものの薬用植物が不足していた第一次世界大戦中、自分の庭園の苗床で薬用植物を育てていたグリーヴが1931年に出版したのが『現代のハーブ』だ。このなかで紹介されているスグリのロブは、固めて薬用キャンディにすることもできた（これは今でも喉の痛みに効くとして人気があるが、同じスグリを原料とした食前酒クレーム・ド・カシスも同じ効果があるのだろうか?）。グリーヴは、水ぶくれや火傷の塗り薬として赤スグリのゼリーを、口内炎やカンジダにはラズベリーの葉のお茶を、痛風にはイチゴを勧めている。18世紀の植物学者で、痛風で苦しんでいたカール・フォン・リンネもイチゴを食べることで健康を取り戻し、それ以来毎年夏になると胃袋がはちきれんばかりにイチゴを食べるようになったという。[35]

『現代のハーブ』では、妖精のお気に入りで「田舎者の薬箱」と言われるエルダーベリーに多くのページが割かれている。彼女はオランダの名医ブールハーヴェも「エルダーベリーの治療効果を高く評価しており、常にこの植物に畏敬の念を持っていた」と記し、日記作家ジョン・エブリンのこんな言葉も引用している。「もしもこの国の人々がエルダーベリーの葉、樹皮、実の薬効をよく知っているなら、生垣から取ってきて薬にすれば治せない病気や怪我はほとんどないのではないだろうか」[36]

グリーヴは生垣に生えている薬を勧めたが、多くの人は新鮮なベリーの効用をあまり信じておらず、ブラックベリーを食べすぎると子供の頭皮がかぶれるとも言われていた（特に髪の毛がまだ生え揃わない子供は頭皮にさまざまな発疹が出やすい）。イチゴを食べると発疹が出る人もおり、ニューヨーク・ヘラルド紙は、1915年の夏にコネチカット州で何千人もの人が「強烈なかゆみに襲われ、眠ることもできず、不安のあまり一時的に精神異常をきたす人々もいた」と報じている。

リンネはイチゴを食べると痛風が治ると主張したが、人によってはイチゴを食べた後にリウマチのような痛みに襲われ、「麻痺性の脳卒中を起こしたかと思った」という目に遭った。[37] さらには、ヨーロッパではイチゴを食べすぎた女性は「不機嫌で怒りっぽくなる」と言われていた。

一度に1ポンド以上のイチゴを食べたあげく、こちらが逃げ出したくなるほど不機嫌になる女性もいる。〔中略〕これは「イチゴ病」という病気であり、軽いめまい、他人を遠ざけたがる、質問されることに耐えられない、などの症状が見られる。

イチゴ病の治療として有効なのは、最大12個で食べるのを止めることだったようだ。[38] もっとも、『ビグルのベリー読本 *The Biggle Berry Book*』（1911年）の著者ジェイコブ・ビグルは、一部の若い女性にとってイチゴは最高の薬になると述べている。「私の農場の向かいに住む若いご婦人は非常に知的で世界中を旅したというが、彼女はベリーを食べることができる時期には常に人生を楽しんでいる。ところがベリーの季節が終わると、程度の差はあるものの、まるで病人のようになってしまう」。また、彼はベリーの健康効果を絶賛した19世紀アメリカの著名な養蜂家で作家でもあるアモス・ルートの言葉を引用した。

誰もが欲しいだけのイチゴを手に入れられるような生活が望ましい。もし自分で栽培する気がなければ、朝昼晩と好きなだけ買うことのできる生活を送れるような仕事を選ぶべきだろう。ただおいしいというだけでなく、イチゴはこれまでに発明された最も安く、最も優れた、体の調子を整える自然の薬だからだ。食べても飲んでもいい。イチゴが安価でいくらでも手に入るのにビール、紅茶、コーヒー、それから、そう、タバコを手放せないとすれば、その人間はなんと哀れなことか。[39]

20世紀初頭の医師、化学者、そしてモード・グリーヴのようなハーブ専門家は、有害なベリーと有益なベリーの特性を見極めようとしていた。やがて患者に与える効果を観察し、医学文献や民間療法を検討するなかで、ベリー類あるいはシロップやトローチ、パウダーなどさまざまな調合物の

グリセリンと黒スグリで作ったアレンベリーのトローチ

摂取から得られる健康効果について、より科学的な理解が広まっていく（余談だが、私は子供の頃黒スグリのトローチやライビーナ［黒スグリの果汁を原料とした清涼飲料水］が大好きだった）。

1907年、ベジタリアンのテニス選手ユースタス・マイルズが、ウィンブルドンでイチゴを食べすぎて体調を崩した。彼のインタビューによれば、食べたのはまだ熟す前のイチゴだったらしい。熟す前のイチゴにはリン酸、硫酸、ケイ酸の3種類の酸が含まれ、ケイ酸は胃の消化を妨げる場合がある。逆に果実の酸には治癒効果もあり、グリーヴはエルダーベリーには発汗作用のあるビブルン酸が含まれているため、気管支炎や似たような「トラブル」の治療に役立つと述べている。[40]

事実、ベリー類には細菌や真菌の感染、紫外線などから植物を守るための多くの植物性化学物質のひとつ、フェノール酸が多く含まれている。化学者や医師が植物から抽出した成分をもとに実験を重ねるうち、その生化学面での複雑さと、特定の化学物質の作用を分離するこ

サラ・ミリアム・ピール「ベリーの籠」。1860年。油彩。キャンバス。

乾燥させたエルダーベリー（*Sambucus*）

との難しさが明らかになってきた。第一次世界大戦中には脚気、壊血病、くる病などの栄養欠乏症に関する研究が世界的に行われている。その結果、健康に不可欠な未知の物質が発見され、科学者はこの物質を「ビタミン（vitamines）」と名づけた。これは活性アミン（vital amines）を省略したものだ。研究により、ビタミン類はミネラルと同様に穀物の外皮や胚芽、果実や野菜に最も多く含まれていることも明らかになった。

　こうして、かつては軽視されていた「水っぽい野菜や果実」が、よりバランスのとれた食事の一部として推奨されるようになった。また、こうした食べ物はカロリーが低く、当時生まれつつあったダイエット産業に拍車をかけた。

　ビタミンに関する研究が進むにつれ（「ビタミンC」という名は1919年につけられた）、ベリー類を含む新鮮な果実は体に良いという認識が一般に浸透していく。1950年代、科学者は多くの食品に含まれる植物性栄養素の研究に着手し、1980年代には関節炎やがん、心臓発作や脳卒中などの病気と闘うのに有効な抗酸化作用、抗炎症作用、抗菌作用を持つ植物性化学物質が特定された。

こうしてベリーは健康的なダイエット食品というだけでなく、新しい「機能性食品」のひとつに分類されるようになった。機能性食品とは単に栄養面だけでなく、科学的な研究に基づく高い健康効果を謳うことができる食品だ。ハーブ専門家が昔から伝わるベリー療法を広めてきた結果、新しい研究の門戸が開かれた。そのひとつが、ベリーの濃い色のもととなり、強力な抗酸化物質として作用するフラボノイドのひとつ、アントシアニンだ。たとえば黒スグリ100グラム中には750ミリグラムものアントシアニンが含まれ、視力回復に大きな効果があるという研究結果が発表されている。[41]

ベリー類には、ほかにも有用な特性がある。古くから尿路感染症の民間療法として用いられてきたクランベリーには、高い抗菌作用があることが研究により確認されている。[42] ベリー類には抗炎症作用もあり、リンネがイチゴを痛風の治療薬として推奨していたのは筋が通っていたわけだ。そのほか、ベリーの種類によっては心血管疾患、アルツハイマー病、2型糖尿病の治療に役立つ可能性が認められている。とはいえ、一連の観察研究からベリーが公衆衛生に役立つと考えられるのは確かだが、その機能性や長期的な影響についてはまだ十分に研究されていない。

それでも国際的なベリー協会や現代のハーブ専門家、自然療法士、健康食品業者はベリーが「スーパーフード」であり、「薬よりも優れている」と気炎を上げている。[43] ある栄養学者は「健康的な食生活に含まれるひとつの植物性栄養素だけを取り上げ、野菜や果実の予防効果を論じることはできない」と話す。彼女は、最善の策は幅広い種類の果実や野菜を摂取することであり、地球上の甘い果実を機能的な価値によってのみ食べるなら世界はきっと侘しい場所になるだろうとして、ソローのこんな言葉を引用する。「野生の果実の価値は単に所有し、食べることではなく、見て楽しむことにもある」[44]。

# 第6章　世界のベリー事情

健康的で低カロリー、味もよく魅惑的なベリーは世界中で食べられ、スーパーをはじめさまざまな店で売られている。かつて田舎の道沿いや野原に生っていた繊細な果実は、今では世界中の果実市場で取引される農作物だ。ビニールハウスで、鉢で、あるいはそれぞれに適した土壌で栽培されたベリーは、くん蒸処理［害虫駆除や殺菌のため薬剤でいぶすこと］され、冷凍され、一年中出荷される。

農務省に勤めていたジョージ・ダロウは1965年にイチゴに関する極めて信頼性の高い本を出版し、そのなかで世界全体のイチゴ栽培面積を「おそらく30万～40万エーカー（12万～16万ヘクタール）で、そのうち約13万エーカー（5万2500ヘクタール）が北アメリカ、2万エーカー（8000ヘクタール）が日本、残りの大半がヨーロッパ」だと見積もった。[1] それから50年余りが経過して世界のイチゴ栽培面積は約3倍に増え、北アメリカだけでなく、中国、メキシコ、スペイン、トルコ、韓国、エジプト、ポーランドでもイチゴ栽培が行われている。[2]

新鮮な果物、アボカド、チアシード、そしてベリーが入った流行りのスムージーボウル

ベリーは大規模なビジネスであり、21世紀に入って急激に拡大した。1961年以来、国連食糧農業機関（FAO）はベリー類を含む多種多様な作物の世界生産量を追跡し、イチゴ、ブルーベリー、グースベリー、スグリ、ラズベリー、クランベリー、キウイなどの栽培面積、生産量、収穫高に関するデータを収集している。イチゴは世界中で最も親しまれているベリーで、2017年の世界の生産量は900万トンを超えている。一方、ブルーベリー、クランベリー、スグリ、グースベリーなど代表的なベリーの生産量のうち、100万トンに迫るのはラズベリー（81・2万トン）だけだ。そして、イチゴの900万トンという驚異的な数字も世界の果実生産量の1パーセント強にすぎず、果実市場の大物であるスイカ、バナナ、リンゴ、オレンジ、ブドウに比べれば微々たるものだ。[3] FAOは野生で収穫されたすべての果実について把握しているわけではないことを認めているが（ベリー類は特に）、それで

も全体像を把握することはできるだろう。
過去50年間の世界の収穫量の推移もおおいに参考になる。ブドウは生産量の伸び率が約80パーセントと少ないものの、リンゴ、オレンジ、パイナップルは飛躍的に伸びており、ほとんどの場合生産量は5倍以上になっている。イチゴは世界の果実生産で最大の区分を占めるわけではないが、1961年からの半世紀の間に世界生産量は12倍になった。
世界のベリー生産量が驚異的な伸びを見せた原因は何だろう？　答えは人口と果実の消費量の増加によるものだ。歴史を振り返ると、昔から果実を好んで食べていたのはアメリカ人とイギリス人だ。第二次世界大戦が終わり、新鮮な果実が再び収穫、販売されるようになった頃、アメリカの家庭では1週間に平均5・4キロ弱の果実を消費していたが、そのうちベリーはわずか225グラム強だった。またブルーベリー、ラズベリー、クランベリーは缶詰でも食べられていた。[4]
それから70年後の2015年、アメリカではひとり当たり年間4・5キロ以上の新鮮なベリーが消費されており、これは2000年の2倍の量だ。[5] ベリーのなかではイチゴが引き続き主流だが（アメリカ人は平均して年間3・6キロを食べている）、1994年から2014年までの20年間でブルーベリーの消費量も約600パーセント増加した。[6] 1948年のイギリスでは、1週間に食べる果実の量はひとり当たり平均450グラム以下だったが、2000年以降果実の消費量は増加しており、ベリー類はイギリスの食卓に登場する生果実区分としてはリンゴやバナナを抜いて最大の割合を占めている。[7] イギリスで販売される生果実の約4分の1はベリー類であり、イギリス人が特に好んで食べるイチゴやラズベリーの消費量は過去20年間で2倍以上に増加している。[8]

バランスの取れた食品の組み合わせを示した円形チャート。ここに「ベリー」類は含まれていない。アメリカ農務省作成。1943年。カラーリトグラフ。

だが、需要を加速させているのはベリー好きのアメリカ人やイギリス人だけではない。ベリー消費におけるダークホースとも言えるのが中国だ。中国の広大な森林や野原には数多くの品種のイチゴが自生しており、昔から自然の薬として利用されてきた。現在、中国は世界最大のイチゴ生産国（アメリカの2倍）で、最大の消費国（世界消費量の41パーセント）でもある。ブルーベリーもまた、現代の中国では食生活の一部となりつつある。ブルーベリー好きのアメリカ人に比べればその消費量はごくわずかだが、アメリカ、カナダ、チリからの輸入量はここ数年で12倍に増加しており、特に若い裕福層の間で需要が増え続けている。[9]

中国ではイチゴは無邪気さや甘さを連想させるが、最近では1990年以降に生まれた人々を揶揄した「イチゴ世代」という言葉が使われている。この世代は両親や祖父母のように「辛酸をなめる」ことも、困難に耐えることもない。彼らは愛らしく、無邪気で、やわらかい。だが、台湾では特に批判されがちな「イチゴ世代」はこの名称に誇りを持ち、活発な政治活動を行う若者たちは「野生のイチゴ」や「小さきブルーベリー」を自称している。彼らはもはや無邪気でも、ましてやただ愛らしいだけの存在でもなくなった。[10]

## ●伸びた収穫時期

このようにベリーの生産量が増加した背景には、新鮮なベリーの需要が高まったことにある。収穫されたベリーのうちかなりの数が保存食やジュースに加工され、さらに急速冷凍されることも増えているが、やはり市場を大きく動かしているのは生食用果実での消費だ。

香港のスーパーで売られるイチゴ。2014年。

新鮮なベリーはおいしく、健康的で、手軽に食べることができ、今ではスーパーマーケットで簡単に買うことができる。楽しみのためであれ健康のためであれ、かつて新鮮なベリーは季節や時期によって手に入る量がかなり限られていた。20世紀初頭まで、ベリー愛好家の多くは収穫時期の数週間だけ新鮮なベリーを楽しみ、その後は何らかの形で果実を保存食に加工するしかなかった。

だが、もちろん農場主たちはごく短い時期に収穫するだけで満足せず、より早く、長く、多く実をつける品種が求められるようになる。育種家はこの要望に積極的に取り組み、19世紀から20世紀初頭にかけて数多くの品種が生み出された。これは、ベリーがさまざまな土壌や生育条件に適応する能力を持っていたことと、育種家たちが早晩性［作物の収穫期となるまでの栽培期間の特性］、風味、大きさ、耐性などを組み合わせて最適な特性を追求した努力の賜物だ。

しかし現代でもベリーが季節を問わず実をつけるためには、ちょっとした工夫が必要になる。太陽王ルイ14世に仕えていたヴェルサイユ宮殿の庭師たちは、王室用のイチゴを小さなガラスの温室で栽培することで旬の時期を伸ばし、冬でも王が食べるのにふさわしいイチゴを育てた。1960年代には、ルイ14世時代のガラス温室の現代版とも言えるビニールハウスがイギリスに導入された。かつては夏の太陽の下で夢のように美しいイチゴ畑が広がっていたが、今ではイギリスのほとんどのイチゴがビニールハウスで栽培されている。ビニールハウスによって栽培期間は26週間に延び、収穫量は3分の1増加した。とはいえ、田舎に住む人々の一部はビニールハウスの登場でイチゴ畑のようすが一変したことに当惑している。[11]

現在、北アメリカ、アジア、ヨーロッパでは通常の低いビニールハウスに加えてブラックベリー、

宇宙から撮影した、2万ヘクタールにおよぶビニールハウス。南スペインのアルメリア南西部にあるカンポ・デ・デリアスにて。2004年。

ブルーベリー、ラズベリー栽培用の高さのある種類も普及し、ゴシック調のアーチを描いて輝くビニールが広大な土地を覆っている。[12] 水分蒸発や雑草の発生を防ぐためには、マルチング〔畑の表面をビニールシートなどで覆うこと〕が重要な役割を果たす。1960年代、カリフォルニアやフロリダではそれまでのわらやおがくずの「マルチ（根覆い）」がプラスチック製に取って代わり、光沢のある黒いポリエチレン製の長いシートが使われるようになった。中国ではこの30年間、水を節約してベリーの収穫量を増やすために、果てしなく広がる土地でプラスチックのマルチングが行われてきた。

　プラスチックマルチを使用することで通常より早い時期に苗を植え、雑草や害虫を駆除し、より大きくきれいなベリーを多く生産することが可能になる。現在、プラスチックを利用した栽培は世界中の商業栽培の大半を占め、世界的なプラス

イチゴ狩り用に設計された日本のビニールハウス。2008年。

チック生産量の増加と局地汚染の原因となっている。[13]

ベリーの生産者がいくら作物を保護し、栄養分を与えようと最善を尽くしても不作の年もあれば、不衛生な土壌に多く生息する害虫によってベリーの育ちが悪くなることもある。ベリーには「イチゴの静かな天敵[14]」と呼ばれる灰色カビ病、葉や茎のさび病、ブルーベリーを苦しめる恐ろしい先枯病《さきがれびょう》、炭疽病《たんそびょう》などさまざまな厄介な病気があり、それを考えると私たちがベリーを食べることができるのはちょっとした奇跡に思える。しかも、今挙げたのは菌類によって生じる病気のごく一部にすぎない。

ジェイコブ・ビグルはベリーに害を与えるあらゆる敵と戦い、ベリーについての著書で「苗から箱詰めされるまで、小さな果実のすべてをわかりやすくまとめ」、さまざまな害虫についても述べている。そうした虫にはモチョッキリ、ハマキムシ、地虫、根ジラミ、カイガラムシ、虫こぶをつくる害虫、アメリカコオロギ、ハバチ、そしてアブラムシなど吸

ブルーベリー・ショック・ウイルスに感染したブルーベリー

汁性の害虫などがある。

　それぞれに昔から伝わる対処法があり、結実した後に草を刈ったり焼いたりする比較的安全な方法から、「ボルドー液」（硫酸銅と生石灰の混合液）や粉末硫黄などの殺菌剤を頻繁に散布したり、パリスグリーン（毒性の強い無機化合物）やヒ酸石灰塩、灯油やクジラの油乳剤などを使用したりする方法もあった。ボルドー液は現在も使用されており、さらに臭化メチル（毒性があるだけでなく、オゾン層破壊物質として最近使用が禁止された）やジメトエート（広域有機リン酸塩で、神経ガスにも使用される毒性の強い物質。世界的に農業中毒のおもな原因のひとつとされる）などの化合物を使用する生産者もいる。

　アメリカで栽培されている作物には農務省と食品医薬品局（FDA）による残留農薬検査が行われており、毎年非営利の環境保護団体EWG（Environmental Working Group）が最新の報告書を精査し、残留農薬の多いワースト12のランキング「ダーティ・

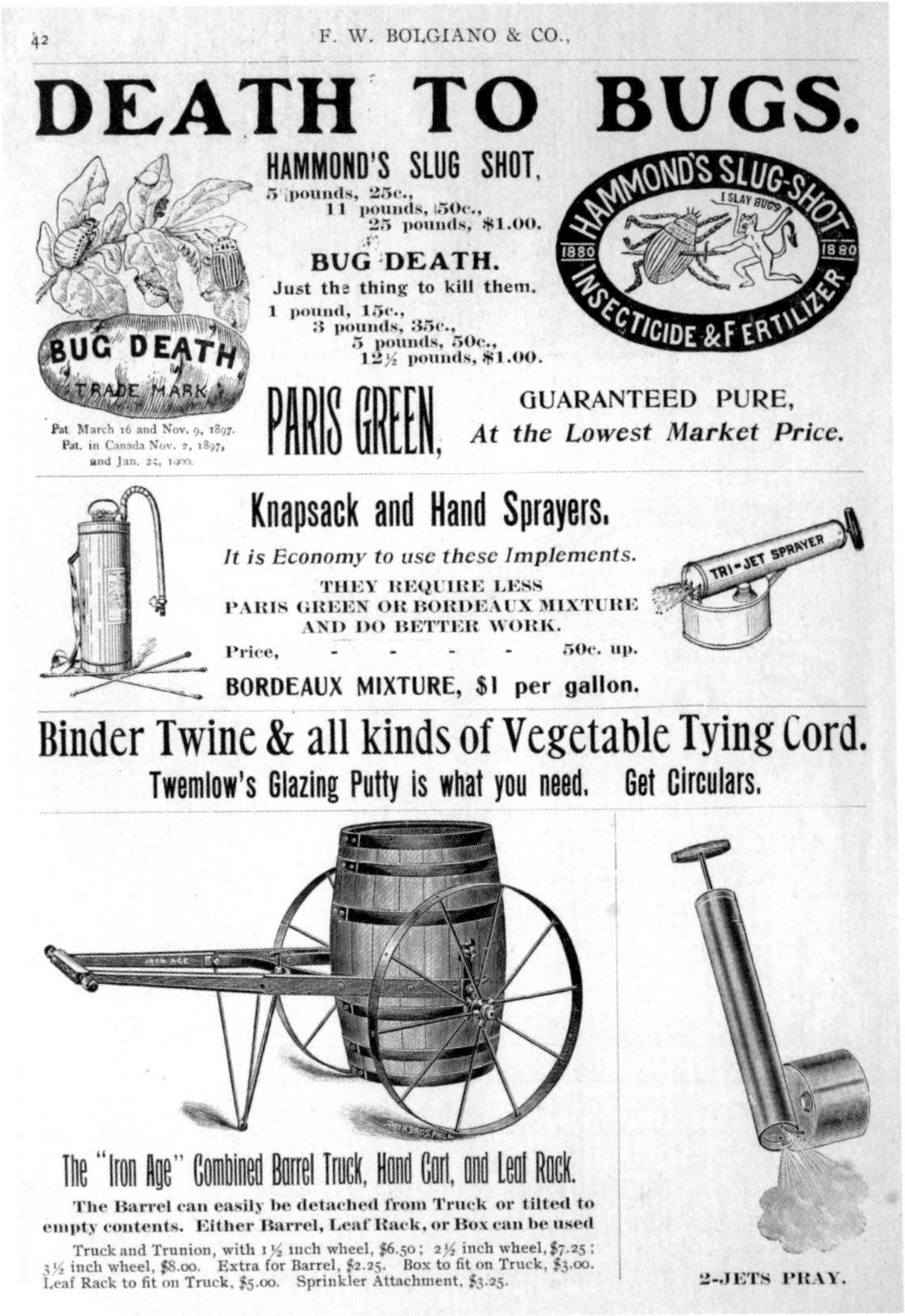


「害虫に死を」。「ボルギアーノ社の1902年版カタログ ── 庭園、農園向けの検査済み種子」。ワシントン DC。

ダズン」を発表している。2018年のワーストワンはイチゴだった。[15] イチゴに付着した22種類の残留農薬について、アメリカ農務省は水道水で洗い流されると消費者に説明したが、果実を好む人々はイチゴに付着した毒素まで体に入ってしまうのではないかと抵抗を感じ始めている。そうした流れもあって有機栽培の果実は市場シェアを拡大しており、[16] 昔ながらの栽培方法でベリーを育ててきた生産者も方向転換して新しい有機農薬や生物由来の農薬を使用したり、Vif（難透過性フィルム）やTif（全不浸透性フィルム）と呼ばれる次世代のプラスチック製品でマルチングを行ったりしている。[17]

だが、究極の解決策は植物を害虫の多い土壌と接触させないことだろう。17世紀の偉大な経験主義者フランシス・ベーコンは実験的に水中で植物を栽培し、「必要な栄養分はほぼ水に含まれており、土はただ植物を直立させるのに必要なだけ」だと記した。[18] イチゴは特に水耕栽培に適しており、1970年代初頭にオランダとベルギーの温室で土を用いない商業用の基質栽培システムが開発された。このシステムによってイチゴの通年生産が可能になり、根の病気や線虫、害虫の影響を受けることもなくなった。

ベーコンは成長をうながすために水に馬糞を加えていたが、現代の生産者は十分な水分を含んだ泥炭、ココナッツの外皮繊維（コイア）、パーライト［ガラス質の火山岩］などの基材が入った容器に液体肥料を加えている。イチゴは根の構造が浅いので、1990年代に日本の研究者が開発した薄い栄養フィルムの上で栽培することもできる。ハイドロゲル（生理用品などに使われる高吸水性素材）で作られたこの高分子フィルムを平らな面に敷くだけでイチゴは成長に必要な栄養分をすべ

ウエストバージニア州にあるアパラチア果実研究センターで、水耕栽培されたイチゴの大きさと品質を検査する武田文臣研究員。1998年。

て吸収し、その結果非常にきれいな実が多く生るのだ（もっとも、あるジャーナリストは「ラップで覆った」畑など本当に必要なのか、と疑問を呈した）[19]。

また、水耕栽培なら作業する際に地面に身をかがめる必要がない。イチゴはテーブルの高さで摘むことができるので体の負担は軽減され、しかも21世紀ならではの「イチゴ狩り農園」を運営することも可能だ。かつてイチゴ狩りといえば農園内にハチが飛びまわり、摘むときに膝をつくため洋服が汚れるというイメージがあったが、今では明るいビニールハウスにイチゴの苗がテーブルいっぱいに並んでいる。残留農薬の心配がない、熟した食べ頃のイチゴが手に入るとあって、こうした農園では日帰り客が殺到している。

## ●ベリーの旅

どんなに優れた栽培方法であっても、栽培期間を無制限に延ばすことは不可能だ。一年中ベリーを食べられるようにするには、ほとんどの国では少なくとも一年のうち一定期間を輸入に頼らざるを得ない。

歴史を振り返っても、ベリー類を長距離輸送するのはリスクを伴う仕事だった。太陽の光が射さない冬の終わりにはカリフォルニアから東海岸に向けて冷蔵車「イチゴ列車」がイチゴを運搬していたが、到着したときにはかなりの割合で実が腐っていた。一方、生鮮果実市場の王者とも言えるリンゴやオレンジ、バナナはかなり丈夫で、何日もかけて国内を、また何週間もかけて海上を輸送してもほとんど痛むことはなかった。ベリー類で長い航海に耐えられるものはほとんどなく、例外

パシフィック・フルーツ・エクスプレス社が製造した1950年代後半の冷蔵車。2018年撮影。

は樽に詰めてアメリカからイギリスに送られるクランベリーくらいのものだった。そのため冷凍ベリーが世界の海運業の主力となったが、やがて新鮮な果実を求める消費者が増加したことに伴いベリーの梱包、出荷、販売方法も変化していく。

生鮮果実の世界取引は21世紀初頭から急激に増加しており、年間を通じて需要があることから主要な輸出国は生産量を増やし、新たな地域に進出を図ってきた。アメリカでは栽培したイチゴはほぼ国内で消費されるため、1860年代にカリフォルニアで家族経営の会社を立ち上げ、現在イチゴ生産企業の世界最大手となったドリスコル社は、「太陽と母なる自然に従って」フロリダ、メキシコ、オーストラリアに農場を持ち、北アメリカや急成長する中国の市場にイチゴを供給している。

ブルーベリー、ラズベリー、ブラックベリーに関しては国内生産だけで需要をまかなえないため、ブルーベリーは代表的な産地であるカナダやチリのほ

ニュージーランドの果樹園でたわわに実るキウイフルーツ。2014年。

か、アルゼンチン、メキシコ、そして最近ではペルーからも輸入され、ブラックベリーはすべてメキシコとの取引になっている。波のように広がるスペインのビニールハウスやモロッコの新しい生産施設で育てられたベリーは、イギリスやEU諸国に届けられ、消費される。中国や南アフリカもベリーを輸出しており、キウイフルーツに関してはニュージーランドが世界をリードしている。

ベリー栽培と言えば伝統的にイチゴ、ブルーベリー、ラズベリー、クランベリーが4強を誇っていたが（ブラックベリーはその後に続く）、1970年代にキウイフルーツ（*Actinidia sp.*）が彗星のごとく登場し、果実の世界生産量でイチゴに迫る勢いを見せている。[20] 別名チャイニーズグースベリーと呼ばれるこの果実は中国の中北部と東部を原産とし、こうした地域でたわわに実をつけている。猿も好むことから中国では「猿桃」（ヤンタオ）と呼ばれ、伝統薬にも使われてきた。

1904年、チャイニーズグースベリーがニュージーランドに輸入され、1930年に商業生産されるようになる。1959年には北アメリカへの輸出が始まり、ニュージーランドを代表する飛べない鳥のキウイにちなんで「キウイフルーツ」と呼ばれるようになった。[21] 表面にうぶ毛が生え、黄金色と緑色の果肉を持つこの果実の世界生産量はその半分を中国が占めているが、輸出量ではニュージーランドとイタリアがトップだ。

大量のベリーが世界中で取引されており、輸送方法にはさらなる改善が求められている。イチゴの場合、わら製や木製の籠や箱では長距離輸送に耐えられない（地元の小売店や昔風のイメージで売っているイチゴ狩り農園のオーナーには魅力的だろうが）。ここでも、解決策として登場するのはプラスチックだ。1990年代にドリスコル社はクラムシェルという密閉式の透明なプラスチックパックを導入し、2015年に同社でイチゴを詰めるのに使用されたパックは12億個だと推定されている。パック詰めされたイチゴは木箱に収められてパレット（荷台）に積まれ、冷却処理後に冷蔵コンテナで空路、陸路、海路で出荷される。

ベリーを傷めずに輸送するには冷蔵状態を中断させない「クールチェーン管理」が不可欠だ。たとえば、ブルーベリーは凍る寸前の状態を輸送中ずっと維持しなければならない。コンテナの温度が低すぎると凍って裂果《れっか》するし、高すぎると追熟《ついじゅく》［収穫後も実が熟し続けること］によって炭酸ガスの発生、過熟、腐敗、醱酵という過程をたどることになる。生産者たちは、適切な冷蔵状態を維持することが困難ならその分移動時間を短縮しようと考えるようになり、現在南アメリカから出荷されるブルーベリーは大半が空輸されている。

とはいえ、冷却さえすれば甘い果実を無傷で市場に届けられるとはかぎらない。ベリーが世界各地を移動すれば、そのベリーについたハエや甲虫、回虫、菌類もついてくることになる。この密航者たちが目的地で帰化種とならないための処置はその国の防疫法によって異なるが、有機栽培のラベルがついたものを除き、大半のベリー類は出荷前にコンテナ内でくん蒸処理され、最近では放射線照射という方法が採られる場合もある。[22]

噴霧され、冷却され、美しく包装されてようやく目的地にたどり着くベリーだが、その賞味期限はかなり短い。茂みや枝から収穫されたベリーは、その後も活発な代謝活動を続けている。実《み》は呼吸を続け、それが腐敗の始まりとなるのである。ブラックベリーやラズベリーはベリー類では呼吸量が高く、2〜5日で腐り始める。クランベリーやブルーベリーは冷蔵で1〜2週間というところだ。[23]店を訪れた客はプラスチックパックを通してベリーを眺め、判断を迫られる。このベリーは十分に熟し、ジューシーだろうか？　カビは生えていないか？　実の色は濃い赤、青、それとも紫だろうか……？

## ◉スーパーフルーツ

2005年に開催された第1回国際ベリー健康効果シンポジウムにはアジア、ヨーロッパ、ニュージーランド、メキシコ、南北アメリカから生産者や包装業者、科学者、栄養学者、医療従事者など、さまざまな分野からの参加者が集まった。シンポジウムの目的は、アントシアニン、ポリフェノール、フラボノイドなど舌を噛みそうな名前の抗酸化物質や、そのほか健康効果の高い栄養素を豊富に含む「機能性食品」、すなわちベリーに関する研究内容を共有することだ。

1990年代まで、アントシアニンに関する生物医学文献に掲載される論文の数は年間数十編程度だったが、2000年以降は数百編に増えている。アントシアニン研究の数年前に始まった機能性食品の研究も同様で、2000年代半ばには毎年数千件の研究が行われている。[24] そもそも、植物成分の研究自体は目新しいわけではなく、現代の医療で使用されている多くの医薬品は植物性化学物質に由来するものだ。だが、特定の食品を豊富に摂取することで一般的な病気の予防や治療に効果があるという考え方は、比較的新しいものだと言える。

このような研究的関心は健康や栄養に関する一般的な文献や記事にも反映され、「スーパーフード」に関するテーマが追求されるようになった。「スーパーフード」は専門用語ではないものの、広く普及していることから『オックスフォード・イングリッシュ・リビング・ディクショナリー』にも取り上げられ、「心身の健康に特に寄与すると考えられる、豊富な栄養素を含む食品」と定義されている。[25]

「スーパーフルーツ」という語が辞書に加わったのは2004年で、特に人気を博したのはポリフェノールを豊富に含む、深みのある濃い色のおいしいベリーだ。色が濃ければ濃いほど、代表的なポリフェノールであるアントシアニンの含有量が多く、健康効果が高まると考えられていた。スーパーフードとして注目されたブルーベリーは2000年代ばから人気が急上昇し、それまで大きなブルーベリー市場ではなかったイギリスでも、2006年以降生のブルーベリーの消費量が4倍以上の増加を見せた。現在、イギリスの家庭ではこの小さな青いベリーが健康的な食事の一部として定着しつつある。[26]

ベリー類の健康効果に関する研究の大半は実験室で行われ、インビトロ法〔試験管内で体内と同じ環境を人工的に作って実験する方法〕や実験動物（ベリーを大量に食べさせたラット）を使って高濃度の植物性化学物質が調査されている。ただし健康効果を得るのに必要だとされる量の新鮮なベリーを食べることは、多くの人にとって難しいかもしれない。また、抗酸化作用があり、病気と闘うポリフェノールを最も多く含むベリー類は必ずしもおいしいものばかりではない。ポリフェノールの含有量については、イチゴは少なく、ラズベリーは中程度、生のブラックベリーはかなり豊富だ。また、生の黒スグリやエルダーベリーもポリフェノールの量はかなり多いが、ある程度まとまった量を食べようと思えば甘味を加える必要があるだろう。さらに、摂取した化合物が体内でどのように作用するかは、多くの場合栽培方法や加工方法に加え、個人の消化能力によっても異なるようだ。[27]

だが、こうした点が明らかになっても、次世代のエキゾチックなスーパーベリーの勢いは止まらない。イチゴ、ブラックベリー、クランベリーは確かに体に良いかもしれないが、これから紹介する新しいベリーはもっとおいしく、稀少で、高価だと見なされている。2000年代半ば、世界のベリー市場に何種類かの新入りが登場した。実を言えば、どれも新しいものではなく、ほとんどのベリーは数千年前から世界各地で食べ物や飲料として消費されてきたものだ。だが、食事療法の重要性が高まるなか、こうしたベリーも効果的な機能性食品と見なされ、商品として販売されるようになった。

ゴジベリー（*Lycium barbarum*、別名ウルフベリー）はおもに中国で栽培されており、古くから漢方薬に用いられてきた。良くも悪くも有名なナス科の植物で（サンベリー、トマト、グラウンドチェリーも同じ仲間だ）、中国では実を生で食べたり、お茶やスープに入れて飲んだりしている。ゴジベリーを輸入した国々では健康効果を期待してグラノーラバー、サラダ、スムージー、ジュースなどに用いられることが多い。[28]

サジー（*Hippophae* 属）も現在は中国が輸出しているベリーだが、北ヨーロッパ、ロシア、カナダでも広く栽培されている。生のままでは食べにくく、味を良くするために意図的に醱酵させたり冷凍したりする必要があるが、胃腸の調子を整える効果があるということでジュースとしても人気がある。

ハニーサックル（*Lonicera caerulea*）の実はハスカップと呼ばれ、この不思議な形をした実の藍色はフラボノイドが豊富であることを示している。カナダでは「スワンプフライ（湿地バエ）ハニーサックル」というありきたりの名前で知られているが、商品になると「ポーラージュエル（寒い地の宝石）」という名に変わる。「ハスカップ」という名前はアイヌ語に由来しており、日本は依然として重要な消費市場だが、カナダでも原産のハスカップを栽培し、乾燥させたりジャムやハチミツ酒に用いたりして販売している。欧州食品安全機関（EFSA）は数年前、食用として安全上の懸念はないとしてハスカップのEU内での販売を認可したが、安全性以外の利点は保証していない。

カナダ原産のスーパーフルーツで、「健康の素がぎっしり詰まった紫色のベリー」ことサスカトゥーンベリー（*Amelanchier alnifolia*）にハスカップが勝利するのは難しいようだ。サスカトゥーンベリー

ウルフベリー（別名ゴジベリー *Lycium barbarum*）。中国の寧夏回族（ねいかかいぞく）自治区中寧（ちゅうねい）県にて。

は小さなリンゴのような形をしており、インドの先住民はこれでペミカンを作り、入植者はパイやジャムを作ったが、現在は「紫色のエネルギーたっぷりのスーパーフルーツ」として注目されている。このおいしいベリーにはカルシウム、繊維、鉄、マンガン、マグネシウム、植物ステロール、フェノール、アントシアニン、ビタミンE、ほかにもまだまだたくさんの栄養素が含まれている。[29]

ベリーが味、大きさ、見た目の美しさ（小粒で地味なサスカトゥーンベリーはかなり不利だ）を売りにしていた時代は過ぎ去り、今ではベリーを販売する際には「サスカトゥーンはブルーベリーよりもフリーラジカルを中和する能力が高い」などの抗酸化作用の強さや、「植物ステロールは中〜高コレステロールに悩む成人の数値を下げる働きがある」という「西の悪魔」ことコレステロールとの戦いに役立つことをアピールする必要が出てきた。

こうしたすべての宣伝文句は科学的研究に基づいており、『カレント・モレキュラー・メディスン *Current Molecular Medicine*』、『フィトケミストリー *Phytochemistry*』、『ジャーナル・オブ・ニュートリション *Journal of Nutrition*』、『ジャーナル・オブ・ウロロジー *Journal of Urology*』などの学術雑誌の記事や、実験室での検査結果を引用したものだ。ベリーが単においしい果実として売られていた時代がなんだか懐かしく思えてくる。[30]

「地球上で最も栄養価の高いベリーのひとつ」と生産者たちが熱っぽく語り、宣伝されるアサイーベリー（*Euterpe oleracea*）は、実はベリーですらない。[31] 南アメリカ原産のアサイー・パームには濃い色の液果が大量に生り、アマゾン流域では何世紀にもわたって主食とされてきた。２０００年代に北アメリカで大々的に販売されたことをきっかけに研究者たちはほかのスーパーベリーと比較実験を行い、確かに栄養価の高い果実ではあるものの、期待の抗酸化力はグラス1杯のブルーベリージュースや赤ワインにもおよばないと結論づけている。[32]

エキゾチックなベリーがすべて原産地以外の国や地域で有名になり、どこでも入手可能になるとは限らない。もしそうなら、コロンビア原産の巨大なブラックベリー（スペイン語で「ザザモラ *Rubus macrocarpus*」）はもっと流通しているはずだ。ザザモラは一般的なブラックベリーよりもかなり実が大きく一口では食べられないほどだが、残念ながらコロンビアのアンデス山脈の高地という狭い範囲でしか栽培できない。

それに比べれば、エクアドルで「荒地のブドウ」または「欲望の果実」として知られているモルティーニョ（*Vaccinium floribundum*）のほうが栽培に適しているかもしれない。アンデス山脈に自生するモルティーニョは昔から薬として採取されてきたが、ジャムにしたり、11月の「死者の日」に作られる少し病的な色のスムージー「コラダ・モラダ」にしたりして親しまれている。ある人類学者によると、この暗紫色の飲み物はかつて宗教行事で犠牲になった人々やリャマの血を象徴しているということだ。[33]

また、ルロという果実もあり、エクアドルやコロンビアの通り沿いのカフェではこれを冷たいジュースにして売っている。ルロはナランジラ（*Solanum quitoense*）やリトルオレンジとも呼ばれており、トマトの仲間でインカの人々が食べていた果実だ。たわわに生り、味もいいのにスーパーフルーツにならなかったのは、実の色が平凡なオレンジだからだろうか？

オーストラリアの奇跡の果実、ブッシュトマト（*Solanum centrale*）は、この国の中央部に住むア

オーストラリアのヴィクトリア州クランボーン王立植物園のブッシュトマト（*Solanum centrale*）の花。2013年。

ボリジニの間では kutjera、kampurarpa、akatjura などと呼ばれている。味は天日干ししたトマトに似ており、イチゴのように非常に香りが高く、熟すとキャラメルのような甘い香りが奥地一面に漂う。[34]

小さな果実がたわわに実るアメリカ北西部沿岸の湿った斜面には、ハイダ族などが何千年にもわたって食べてきたサラール（*Gaultheria shallon*）が生育しており、現在は食用よりフラワーアレンジメントの花材に使われている。だが、最近の研究では「健康効果のあるベリーの優勝候補」とも言われており、近い将来に花材ではなく食料として利用されるようになるかもしれない。[35]

こうした果実の大半は自生している場所や小さな農場で収穫され、昔ながらの技術で加工を施された後に地元で消費されるため、その特性に関する研究はあまり進んでいない。

おそらく、こうした果実を摘んで食べる人々は、ソローが野生のハックルベリーを摘んだときに感じたような大地のよろこびを経験するのだろう。温室での栄養栽培に切り替えれば生産量と供給量は飛躍的に向上するだろうが、その一方で大地に育った果実の味は以前とは変わってしまうのかもしれない。

いつでもどこでも小さな甘い果実を食べたいという人間の願望（「人々はブルーベリーを食べなければならない」[36]）が世界的な産業を推し進めてきたが、その多くはプラスチック栽培、農薬、肥料、灌漑《かんがい》、そしておもに移民女性の労働力に大きく依存しているように思われる。海のように広がるビニールハウス、卓上栽培のハイドロゲル膜、繊細なベリーを保護し、生育するために用いられる毒性のある化学物質のカクテルは、野原での楽しいベリー摘みをロマンチックな夢物語に変えてしまった。今も市場は無邪気にベリーを求める人間の需要によって動いているが、世界のあちこちで過剰に繁殖し、人工的に栽培されたベリーを、素朴な生活に甘美なよろこびをもたらしてきたベリーと同じものだと見なすことはますます難しくなっている。

もちろん、ベリー類はバナナ、オレンジ、リンゴを中心とした世界の果実貿易のごく一部にすぎず、その量も穀物や油の世界市場に比べて圧倒的に少ない。明らかなのは、有機農産物や農薬の使用を抑えるための新技術に対する需要が高まっているにもかかわらず、ガラスの棺で眠るオーロラ姫さながらにきらめくプラスチックパックに収められた茎つきの美しいベリーの多くが、いまだに工業型農業の産物だということだ。自然からはかけ離れており、もはや工業製品として分類するべきなのかもしれない。甘い野生のベリーを店で買うことすら拒んでいたソローにとって、ラップを敷いた上で水耕栽培された果実はぞっとするような代物だろう。野原でのベリー摘みは楽しみの半分ではなく、すべてだったのだ。

美しい果実やその一部を商売として扱うべきでないのは厳然たる事実だ。果実の最高の有用性と楽しみを買うことはできない。それは実際に果実を摘み取る人にのみ与えられるものだ。食欲も買うことはできない。言わば、使用人や奴隷を買うことはできても、友人を買うことはできないのと同じことだ。[37]

かつて人間はベリーの友人となり、神々の食べ物として迎え入れた。大地に育ち、心酔わせる儚くやわらかな果実との素朴な関係を壊したくなければ、人間はいったん立ち止まって飽くなき欲望を見直すべきなのかもしれない。

# 謝辞

画像をオンラインで公開し、楽しんだり再利用したりできるようご配慮くださったすべての方々、特に博物館や公文書館のみなさんにお礼を申し上げる。文化史を語るうえで、研究の方向性を示すのは多くの場合、写真や図版なのだ。また、多くの書籍を読者が自由に利用できる機会を与えてくれる世界中のすばらしい図書館のみなさんにも謝意を表したい。インターネット・アーカイブ（Internet Archive）、生物多様性遺産図書館（BHL）、ハーティトラスト（Hathi Trust）、ガリカ（Gallica）、そして多くの大学図書館など、世界的なデジタルライブラリーを開発した人々は、10年前には想像もできなかったデジタル研究の新しい世界を切り開いてくれた。もちろん同僚たちの助言も不可欠だったし、ベリーの不可解な世界の案内役となった方々にも感謝申し上げる。特に、ベリーの植生態について監修してくださったマギル大学マクドナルド・キャンパス農業技術管理学プログラムの副責任者、デイヴィッド・ウィーズ氏（ただし、もし間違いがあればその責任は私にある）。ベリーは複雑なテーマだと前もって警告してくれたブリティッシュ・コロンビア大学オカナガン・キャンパスの学長で、イチゴの育種家でもあるデボラ・ブザード氏、野生の果実と先住民の知識を熱心にご教示くださったヴィクトリア大学環境学部のナンシー・ターナー氏とフィオナ・ハマーズリー・チェンバーズ氏。そして最後に、野原や森のささやかな果実を心から楽しんだヘンリー・デイヴィッド・ソローに感謝を捧げたい。

# 訳者あとがき

私たちの生活にとても身近なベリー。読者のみなさんにも、きっとお気に入りのベリーがあることでしょう。でも、ちょっと待ってください。今頭に思い浮かべているのは、果たして「真のベリー」でしょうか？

第1章「真のベリーと偽のベリー」を読んでいただければ、この質問の意味をわかっていただけると思います。植物学上の「真のベリー」の意外な定義、そしてその分類の複雑さに驚いた方も多いのではないでしょうか（私もそのひとりです）。植物学者ですら見解が一致しない場合もあるというのですから、本書の謝辞で述べているように著者ヴィクトリア・ディッケンソンが「ベリーは複雑なテーマだと前もって警告された」のも納得です。

そのほかベリーの文化的側面、栽培技術の進化、健康効果などは本文でじっくりお読みいただくとして、ここでは本書に登場するベリーに魅せられた人々のなかから、特に印象に残ったふたりの人物にふれてみたいと思います。ひとりは第4章「交配の歴史」で紹介されているアメリカの育種家、園芸家であるルーサー・バーバンクです。彼は多くの植物の品種改良を行いましたが、なかでもベリー類を好み「果樹園芸界のシンデレラ」と呼んでいました。800以上の新しい株と新品種を生み出し、なかには失敗や物議を醸したものもあったようですが、「子供が怪我をしないように」トゲなしのブラックベリーを開発したというエピソードや、品種改良は計画的に管理されたものではなく利益にも無頓着だったということなどから、バーバンクの純粋な思いが伝わってきます。夢中になってベリー摘みを楽しむ子供のように、彼はただ自らの好奇心やひらめきの赴くままに品種改良に取り組んでいたのでしょう。

もうひとりは著書『森の生活』や『野生の果実』で有名なヘンリー・デイヴィッド・ソローです。19世紀初頭にアメリカのマサチューセッツ州で生まれた彼は、ウォールデン湖のほとりの森に丸太小屋を建て、そこで約2年もの間自給自足の生活を送りました。自然、そしてベリーに対するソローの畏敬の念は、本書で何度となく引用されている文章からも滲み出ています。ベリーを「神々の食べ物」と呼ぶ彼は自分の土地に生る果実は外国のどんな果実よりも大切だと力説し、またハックルベリーの丘には「まさに大学があり、昔から受け継がれてきた法律や医学、神学を学ぶことができた」と記しています。はるか古代から生育し、神話や聖書、伝承にもたびたび登場し、土地に根付いて薬代わりに用いられてきたベリーという果実を端的に表現した名言だと思います。彼が生きた時代、ベリーはその土地の精神の本質を象徴するものであり、その収穫は（ソローの言葉を借りれば）単なる物理的体験ではなく、自分自身の存在の広がりを感じる行為だったのです。

やがて、時代の流れとともにベリー摘みは牧歌的な楽しみから世界的なビジネスへと変化しました。機械化が進み、ビニールハウス栽培や土を必要としない基質栽培のシステムが開発された現代では、繊細なベリーを襲う病気や長距離輸送の問題は大きく改善され、私たちは季節や場所を問わず多くのベリーを楽しんでいます。その一方で、残留農薬や環境汚染、児童労働、移民労働者をめぐる問題など、ベリーをめぐっては暗い側面があることもまた事実です。著者が最後に述べているように、「大地に育ち、心酔わせる儚くやわらかな果実との素朴な関係を壊したくなければ、人間はいったん立ち止まって飽くなき欲望を見直すべき」なのかもしれません。

本書『ベリーの文化誌』はイギリスの出版社 Reaktion Books から刊行されている Reaktion's Botanical series の一冊で、邦訳版は「花と木の図書館」シリーズと命名されています。ひとつの花や樹木をテーマに取り上げ、その起源や歴史、食文化、芸術への影響などを深く掘り下げる本シリーズはどれも読み応えがあるものばかりです。本書もぜひじっくりとお読みいただき、この複雑で魅力的な「地上に現れた最初の果実」をご堪能いただければ嬉しく思います。

最後になりましたが、今回も数々の貴重なアドバイスをくださった担当編集者の中村剛氏に感謝申し上げます。

富原まさ江

2022年1月

NC: p. 53; John Parkinson, *Paradisi in Sole, Paradisus Terrestris* (London, 1629), courtesy The Metropolitan Museum of Art, New York: p. 114; private collection: p. 185; Putnam Foundation, Timken Museum of Art, San Diego: p. 139; Toronto Public Library, ON: p. 131; photo U.S. Fish and Wildlife Service: p. 4; Victoria and Albert Museum, London: p. 162; Vyatskiy Art Museum, Kirov: p. 167; Walker Art Gallery, Liverpool: p. 6; Yale Center for British Art, Paul Mellon Collection, New Haven, CT: p. 96.

Joi Ito, the copyright holder of the image on p. 197, and Jen Reiher, the copyright holder of the image on p. 87, have published them online under conditions imposed by a Creative Commons Attribution 2.0 Generic License. Dennis Jarvis, the copyright holder of the image on p. 59, and Peter Massas, the copyright holder of the image on p. 135, have published them online under conditions imposed by a Creative Commons Attribution-Share Alike 2.0 Generic License. Alpsdake, the copyright holder of the image on p. 33; Matyáš Havel, the copyright holder of the image on p. 88; Karel Jakubec, the copyright holder of the image on p. 43; Lasms29Ormagt, the copyright holder of the image on p. 194; Ivar Leidus, the copyright holder of the image on p. 32; Melburnian, the copyright holder of the image on p. 213; Moonsun1981, the copyright holder of the image on p. 165; Motacilla, the copyright holder of the image on p. 184; Bruno Navez, the copyright holder of the image on p. 35; Pi.1415926535, the copyright holder of the image on p. 203; Veganlover1993, the copyright holder of the image on p. 186; and H. Zell, the copyright holder of the image on p. 145, have published them online under conditions imposed by a Creative Commons Attribution-Share Alike 3.0 Unported License. Dr Henry Oakeley, the copyright holder of the image on p. 42, and Wellcome Collection, the copyright holder of the images on pp. 21, 40 and 192, have published them online under conditions imposed by a Creative Commons Attribution 4.0 International License. Kerik Cox, the copyright holder of the image on p. 198; Nzfauna, the copyright holder of the image on p. 38; and Patafisik, the copyright holder of the image on p. 158, have published them online under conditions imposed by a Creative Commons Attribution-Share Alike 4.0 International License.

# 写真ならびに図版への謝辞

図版の提供と掲載を許可してくれた以下の関係者にお礼を申し上げる。なお，一部の施設・団体名の表記を簡略化させていただいた。

From Aesop and V. S. Vernon Jones, trans., Aesop's Fables（London and New York, 1912）, courtesy The New York Public Library: p. 76; The Agricultural Research Service, UDSA: pp. 109（photo Keith Weller）, 201（photo Ken Hammond）; The Art Institute of Chicago: p. 85; Boston Public Library: pp. 55, 92, 171; photo Jannis Brandt/nsplash: p. 190; The British Library of Political and Economic Science, LSE: p. 95; The British Museum, London: pp. 16, 37, 67, 69, 86, 94, 101, 117, 159, 160, 173; The Cleveland Museum of Art, OH: p. 27; Cornell University Library, Ithaca, NY: p. 144; from Denis Diderot and Jean Le Rond d'Alembert, eds, *Recueil de planches, sur les sciences, les arts libéraux, et les arts méchaniques*, vol. III（Paris, 1763）, courtesy Smithsonian Libraries, Washington, DC: p. 157; from Amédée-François Frézier, *A Voyage to the South-sea, and along the Coasts of Chili and Peru, in the Years 1712, 1713, and 1714*（London, 1735）, courtesy Getty Research Institute, Los Angeles, CA: p. 119; from Joseph Gaertner, De Fructibus Et Seminibus Plantarum（Stuttgart, 1788）, courtesy Peter H. Raven Library, Missouri Botanical Garden, St. Louis, MO: p. 11; photo Wouter Hagens: p. 63; Imperial War Museum, London: p. 108; Library of Congress, Prints and Photographs Division, Washington, MO: pp. 8, 18, 103, 104, 105, 124, 140, 142, 166, 168, 169, 172, 177; from John Lindley, ed., *Pomological Magazine*（London, 1828-30）, courtesy UMass Amherst Libraries: pp. 123（vol. II）, 129（vol. I）; Jane Wells Webb Loudon, *British Wild Flowers*（London, 1846）, courtesy Smithsonian Libraries, Washington, DC: p. 29; from *Luther Burbank's Bounties from Nature to Man*（Chicago, IL, 1911）, courtesy Sloan Foundation, Library of Congress, Washington, DC: p. 147; Museo Archeologico Nazionale di Napoli: p. 152; Museo Nacional del Prado, Madrid: pp. 70, 71; photo NASA Earth Observatory: p. 196; Nasjonalmuseet, Oslo: p. 50; The National Agricultural Library, USDA, Beltsville, MD: p. 199; National Galleries Scotland, Edinburgh: p. 54; National Gallery of Art, Washington, DC: pp. 82, 98; The New York Public Library: pp. 45, 49; photo courtesy Orange County Archives, Santa Ana, CA: p. 149; Claude Paradin, *Devises Heroïques*（Lyon, 1557）, courtesy Duke University Libraries, Durham,

Maril, Lee, *Savor and Flavor: Berries in Fact and Fancy* (New York, 1944)
Massialot, François, *Nouvelle instruction pour les confitures, les liqueurs, et les fruits, avec la manière de bien ordonner un dessert . . .* (Paris, 1715)
Mayhew, Henry, *London Labour and the London Poor* (London, 1861)
National Park Service, *From Marsh to Farm: The Landscape Transformation of Coastal New Jersey*, www.nps.gov/parkhistory
———, 'Whitesbog Village and Cranberry Bog', Historic American Landscape Survey (HALS) (Washington, DC, n.d.)
National Research Council (U.S.) Advisory Committee on Technology Innovation, *Lost Crops of the Incas: Little-known Plants of the Andes with Promise for Worldwide Cultivation* (Washington, DC, 1989)
Parkinson, John, *Paradisi in sole paradisus terrestris; or, A Garden of All Sorts of Pleasant Flowers Which our English Ayre Will Permitt to be Noursed . . .* (London, 1629)
Root, Waverley, *Food* (New York, 1986)
Serres, Olivier de, *Le Théâtre d'agriculture et mesnage des champs* (Paris, 1605)
Seymour, Tom, *Nuts and Berries of New England: Tips and Recipes for Gatherers from Maine to the Adirondacks to Long Island Sound*, Falcon Guides (Guildford, CT, 2013)
Snow, Barbara, and David Snow, *Birds and Berries: A Study of an Ecological Interaction* (London, 1988)
Summers, Julie, *Jambusters: The Story of the Women's Institute in the Second World War* (London, 2013)
Thoreau, Henry David, *Wild Apples and Other Natural History Essays* (Athens, GA, 2002)
———, *Wild Fruits: Thoreau's Rediscovered Last Manuscript*, ed. Bradley P. Dean (New York, 2000) [ヘンリー・デイヴィッド・ソロー著『野生の果実／ソロー・ニュー・ミレニアム』／伊藤詔子・城戸光世訳／松柏社／ 2002年]
Traill, Catherine Parr, *Studies of Plant Life in Canada: Wild Flowers, Flowering Shrubs, and Grasses* (Toronto, 1906)
Wallace, Alfred Russel, *'The Colours of Plants and the Origin of the Colour-sense', in Tropical Nature and Other Essays* (London, 1878) [アルフレッド・ラッセル・ウォレス著『熱帯の自然』／谷田専治・新妻昭夫訳／平河出版社／ 1987年]
Wilson, C. Anne, The Book of Marmalade: Its Antecedents, *Its History and Its Role in the World Today* (Philadelphia, PA, 1999)

# 参考文献


Anderson, Heather A., *Berries: A Global History* (London, 2018)［ヘザー・アーント・アンダーソン著『ベリーの歴史』／富原まさ江訳／原書房／ 2020年］

Biggle, Jacob, *The Biggle Berry Book* (Philadelphia, pa, 1911)

Blackburne-Maze, Peter, *Fruit: An Illustrated History* (London, 2002)

Burbank, Luther, *His Methods and Discoveries and Their Practical Application*, vol. VI (New York, 1914)

Coville, Frederick, *Experiments in Blueberry Culture*, USDA Bureau of Plant Industry, Bulletin 193 (Washington, DC, 1911)

Darrow, George M., *The Strawberry: History, Breeding and Physiology* (New York, 1966)

Darwin, Charles, *The Variation of Plants and Animals under Domestication*, vol. I (New York, 1894)

Fletcher, S. W., *The Strawberry in North America: History, Origin, Botany, and Breeding* (New York, 1917)

Forsell, Mary, *Berries: Cultivation, Decoration and Recipes* (New York, 1989)

Gerard, John, *The Herball, or, Generall Historie of Plantes* (London, 1636)

Glasse, Hannah, *The Art of Cookery Made Plain and Easy . . .* (London, 1747)

*Gooseberry Growers' Register, or, An Account of the Different Gooseberry Shows Held in Lancashire, Cheshire, and Other Parts of the Kingdom, for the Year 1851* (Salford, 1851)

Grieve, Maud, *A Modern Herbal* [1931] (New York, 1971)

Grigson, Jane, *Jane Grigson's Fruit Book* (London, 1983)

Haskell, Mrs E. F., *The Housekeeper's Encyclopedia of Useful Information for the Housekeeper in All Branches of Cooking and Domestic Economy . . .* (New York, 1861)

Hassall, Arthur Hill, *Food and its Adulterations; Comprising the Reports of the Analytical Sanitary Commission of 'The Lancet' for the Years 1851 to 1854 Inclusive* (London, 1855)

Kuhnlein, Harriet V., and Nancy J. Turner, 'Traditional Plant Foods of Canadian Indigenous Peoples: Nutrition, Botany and Use, Food and Nutrition', *History and Anthropology*, VIII (Amsterdam, 1991)

## 年表

| | |
|---|---|
| 77.4万年前～12.9万年前 | 北極圏と南極圏を行き来する渡り鳥によってクロウベリーが生育する。 |
| 1275年 | エドワード1世がフランスのノルマンディーからグースベリーを輸入する。 |
| 1368年 | 王室の庭師ジャン・デュドワが，シャルル5世のためにルーブル宮殿にイチゴを植える。 |
| 1536年 | イタリアの医師アントニウス・ムサ・ブラッサヴォラが，ふたりのスペイン人女性が調理したナスを安全に食べたと記録される。 |
| 1557年 | スペイン人とインカ人の両親を持つ歴史家ガルシラーソ・デ・ラ・ベーガが，チリ（南アメリカ原産のイチゴ）という果実を「味が良く，食用に適している」と評する。 |
| 1570年 | 教皇や王族の料理人で『オペラ』を著したバルトロメオ・スカッピが，春にヤギ乳を使ったプディングにイチゴを加えるレシピを紹介する。 |
| 1610年 | ケベック州の基礎を築いたサミュエル・ド・シャンプランがスノーベリー（*Gaultheria hispidula*）を試食する。 |
| 1643年 | ロジャー・ウィリアムズがニューイングランドに関する記録のなかで，先住民はホートルベリーを乾燥させ，「それを粉末にして乾燥食と混ぜ合わせ，ソウトティーグと呼ばれるおいしいプディングを作る」と記す。 |
| 1692年 | 数多くの貴族の料理長を務めたフランソワ・マシアロが『ジャム，リキュール，果実の新指南書』を出版する。 |
| 1714年 | アメデエ・フランソワ・フレジールがアントワーヌ・ド・ジュシューに南アメリカ産のイチゴの苗を贈り，王の庭園で栽培するよう依頼する。 |
| 1740年 | イングランドのランカシャー州で最初のグースベリー同好会が設立される。 |
| 1747年 | ハナー・グラスがグースベリーフールを作る。 |
| 1750年 | 分類学の父カール・フォン・リンネがイチゴを食べて痛風を治す。 |
| 1751年 | リンネが著書『植物誌』でベリーを定義する。 |

| | |
|---|---|
| 1764年 | 王室庭園の植物学者ベルナール・ド・ジュシューの弟子，19歳のアントワーヌ・ニコラ・デュシェーヌが，ルイ14世に大粒の実をつけた見事なチリイチゴ（*Fragaria chiloensis*）を披露する。 |
| 1806年 | フランスの菓子職人ニコラ・アペールが果実や野菜を密閉して熱湯に浸し，瓶詰めする方法を開発する。 |
| 1810年 | マサチューセッツ州ケープコッドの農場主ヘンリー・ホールが水を抜いた沼地に砂を敷いてクランベリーの木を移植し，豊作となった。 |
| 1819年 | イギリスの生産者マイケル・キーンズが種子からより良質のイチゴを育て，「キーンズシードリング」と命名する。 |
| 1841年 | クロス & ブラックウェル社がジャムの大量生産を始める。 |
| 1850年 | ブリス夫人がブルーベリーパイのレシピを『実用料理の書 *Practical Cook Book*』で紹介する。 |
| 1851年 | ニューヨーク州アルバニー近郊に住むスコットランド人の苗木商ジェームズ・ウィルソンが自家受粉可能なウィルソン種のイチゴを作出する。 |
| 1852年 | ロンドンという名のグースベリーが333の賞を受賞，重さは約58グラムで，小ぶりのリンゴほどの大きさだった。 |
| 1858年 | アメリカのブリキ職人ジョン・ランディス・メイソンがメイソンジャーの特許を取得する。 |
| 1869年 | 食料品店を営んでいたフェリックス・ポタンがラ・ヴィレットに工場を建設し，パリの市場向けに果実や野菜を加工する。 |
| 1870年 | ジョセフ・ホワイトが『クランベリー栽培の変遷』を出版する。 |
| 1881年 | ローガン判事がカリフォルニア州サンタクルーズにある自宅の庭園でラズベリーとブラックベリーを交配し，ローガンベリーを作出する。 |
| 1882年 | カナダの農場主アーネスト・ディスラエリ・スミスが余った果実でジャムを作り，E・D・スミス社を設立する。 |
| 1897年 | J・M・スマッカーがオハイオ州でジャムやゼリーの製造会社を設立する。 |
| 1904年 | カリフォルニアの世界的なベリー企業ドリスコル社が，バナーベリー農場のブランドとして設立される。 |
| 1905年 | ルーサー・バーバンクが「サンベリー（*Solanum villosum* × *S. guineense*）」を作出して物議を醸す。 |

1910年　スイスのジャム製造業者ヘンケルとロスがヒーロー社を創業。
1911年　フレデリック・コーヴィルがハイブッシュ種とローブッシュ種を交配し，現在流通しているブルーベリーを作出する。
1918年　コーヴィルとパートナーのエリザベス・ホワイト（「ブルーベリーの女王」）が最初のブルーベリーを販売する。
1926年　ルイジアナ州のアマチュア園芸家B・M・ヤングがヤングベリーを発表する。
1931年　モード・グリーヴが著書『現代のハーブ *A Modern Herbal*』でベリー類の健康効果を紹介する。
1932年　ウォルター・ナットが道路沿いの直売所で初めてボイゼンベリーを販売する。
1934年　ナット夫人が「チキン・ディナー・レストラン」でフライドチキンと自慢のボイセンベリーパイを提供する。
1959年　ニュージーランドの輸出業者がチャイニーズグースベリーを「キウイフルーツ」と名づける。
1960年代　イギリスでベリー栽培にビニールハウスが導入される。
1970年代　オランダとベルギーで，ベリーの基質栽培システムが開発される。
1971年　フランスのボンヌママン社が手作り風ジャムの販売を始める。
1985年　チリで最初の商業用ブルーベリーが植えられる。
1990年代　ドリスコル社が新鮮なベリーを収める透明プラスチックの密閉型パック，クラムシェルを開発する。
1995年　日本の化学物理学者，森有一がメビオール社を設立し，ハイドロゲルで作られた高分子フィルムを用いた農業を推進する。
2000年代　ゴジベリー，シーバックソーン，ハスカップなどの「新しい」スーパーベリーが世界のベリー市場に登場する。
2004年　「スーパーフルーツ」という語が辞書に追加される。
2005年　第1回国際ベリー健康効果シンポジウムが開催される。
2006年　アメリカ食品医薬品局（FDA）が，まだ証明されていない治療効果を謳ったゴジベリージュースの販売業者2社に対し，警告を発する。
2013年　国際連合食糧農業機関（FAO）主催により，「スーパーフルーツに関する国際シンポジウム：神話か真実か？」がベトナムのホーチミン市で開催される。
2018年　「ベリーブーム」が高まるイギリスで，ベリーの購買量がバナ

ナを上まわる。

# 注

## 序章　愛されて　憎まれて

1　Henry David Thoreau, *Wild Fruits: Thoreau's Rediscovered Last Manuscript*, ed. Bradley P. Dean (New York, 2000), p. 22.［ヘンリー・デイヴィッド・ソロー著『野生の果実／ソロー・ニュー・ミレニアム』／伊藤詔子・城戸光世訳／松柏社／ 2002年］

2　Ray Bradbury, *Dandelion Wine* [1957] (Harper Collins e-book, 2008), p. 19.［レイ・ブラッドベリ著『たんぽぽのお酒』／北山克彦訳／晶文社／1980年］

## 第1章　真のベリーと偽のベリー

1　ほかの7つは capsula, siliqua, legumen, folliculus, drupa, pomum, strobilis だ。その後，植物学では果実タイプを45種類に増やしたが，果実の分類は今でも植物学者を悩ませている。19世紀の植物学者マティアス・ヤーコプ・シュライデンは次のように不満を漏らした。「果実の理論ほど図表によってのみ理解が進む分野はない。ひとりの植物学者がまずありきたりの言葉を用い，その言葉の数がただ増えただけなのに，厳密な科学的定義にこれほど苦労するとは。つまり，果実の定義をめぐってはどうにも見解が定まらないのだ。ある者は10種類，ある者は14種類，あるいは20種類，さらには40～60種類を果実と想定する。端的に言えば，筆舌に尽くしがたい混乱が生じているということだ」。Cited in Richard W. Spjut, 'A Systematic Treatment of Fruit Types', *Memoirs of the New York Botanical Garden*, LXX (1994), n.p., www.worldbotanical.com.

2　とはいえ，西欧の黄金のリンゴがアジア原産のオレンジであったとは考えにくい。同前 .

3　植物の部位で最も長持ちするのは果実だが，植物学者は現在もリンネを倣ってすぐに散ってしまう花の構造を用いて大規模な顕花植物群を分類している。

4　Alfred Russel Wallace, 'The Colours of Plants and the Origin of the Colour-sense', in *Tropical Nature and Other Essays* (London, 1878), pp. 221-46, 224-5.［アルフレッド・ラッセル・ウォレス著『熱帯の自然』／谷田専治・新妻

昭夫訳／平河出版社／1987年]

5 H. Martin Schaefer, Alfredo Valido and Pedro Jordano, 'Birds See the True Colours of Fruits to Live off the Fat of the Land', *Proceedings of the Royal Society B: Biological Sciences*, 22 February 2014, DOI: https://doi.org/10.1098/rspb.2013.2516.

6 Magnus Popp, Virginia Mirré and Christian Brochmann, 'A Single Mid- Pleistocene Long-distance Dispersal by a Bird Can Explain the Extreme Bipolar Disjunction in Crowberries (*Empetrum*)', PNAS, CVIII/16, pp. 6, 520-25 (19 April 2011), www.pnas.org.

7 T. H. Fleming and W. John Kress, The Ornaments of Life: Coevolution and Conservation in the Tropics (Chicago, IL, 2013), p. 363.

8 フードライターのウェイバリー・ルートは，自分の農場近くの畑に春の最初の暖かい空気が流れこんできたときのようすを次のように描写した。「家から1マイルほど離れた郵便受けにたどり着いたとき，空気が急に甘くなったのを感じた。〔中略〕丘の斜面には，まさに野イチゴの花が深い絨毯となって敷きつめられている。春の最初の温かな息吹とともに，イチゴは一斉に花を咲かせたのだ。その香りはとても強く，1マイル離れた場所にまで漂ってきた。」Waverley Root, *Food* (New York, 1986), p. 482.

9 エルダーベリーの実など鳥類が食べる果実は，深い紫色の実と目立ちやすい赤い茎という視覚的な合図を出して鳥類を惹きつける。See Omer Nevo et al., 'Fruit Odor as a Ripeness Signal for Seed-dispersing Primates? A Case Study on Four Neotropical Plant Species', *Journal of Chemical Ecology*, XLII (2016), pp. 323-8, www.ncbi.nlm.nih.gov.

10 Robert Dudley, 'Ethanol, Fruit Ripening, and the Historical Origins of Human Alcoholism in Primate Frugivory', *Integrative and Comparative Biology*, XLIV/4 (2004), pp. 315-23. In 2014 Dudley published *The Drunken Monkey: Why We Drink and Abuse Alcohol* (Berkeley, CA, 2014), based on research into other frugivores and ethanol.

11 Jeff Hecht, 'Drunk Birds Had One-too-many Berries to Blame', *New Scientist Daily News*, 25 (May 2012), www.newscientist.com.

12 Henry David Thoreau, *Wild Fruits: Thoreau's Rediscovered Last Manuscript*, ed. Bradley P. Dean (New York, 2000), p. 32. [ヘンリー・デイヴィッド・ソロー著『野生の果実／ソロー・ニュー・ミレニアム』／伊藤詔子・城戸光世訳／松柏社／2002年]

13 リンネが花の雄しべと雌しべの数によって属と種の分類法を確立した時代から，現代の分類法は大きく変わった。本書で取り上げている分類は，2016年に更新されたAPG体系（被子植物系統グループ）の分類に基づいている。この分類体系は分子データを用いた系統解析によって解明された植物間の新たな関係，そして植物形態の詳細な研究結果を示すものであり，系統樹を構築する。For those wishing to go deeper into this subject, see the work of Peter Stevens at the Missouri Botanical Garden: P. F. Stevens (2001 onwards), on his Angiosperm Phylogeny Website, www.mobot.org/mobot/research/APweb に2016年8月31日にアクセス。

14 ウリ科の植物はウリ目に属し，「ベリー」と呼ばれる核果植物のひとつ，ベイベリーと同じ系統発生グループだ。香りのよいベイベリー（*Morella* または *Myrica sp.*）の実は表面が蠟状で，北アメリカではキャンドルの材料に用いられていた。

15 柑橘類はムクロジ目ミカン科ミカン属の果実だ。

16 オーストラリア，ニュージーランド，北アメリカのブラックベリーが有害な雑草として登録されている地域では根絶を目指しているが，おいしい実が生るため広く栽培されており，輸入も行われているため制限は困難になっている。

17 Anatoly Liberman, 'Monthly Etymology Gleanings for March 2015', OUPblog (1 April 2015), https://blog.oup.com; see also the entry in William Sayers, *Eatymologies: Historical Notes on Culinary Terms* (Oxford, 2016).

18 See 'Rubus' in The Plant List, www.theplantlist.org に2016年8月29日にアクセス。ヨーロッパのブラックベリーで最も一般的な種は *Rubus fruticosus* または *plicatus*，ラズベリーは *Rubus idaeus* で，アメリカの一般的なブラックベリーは *Rubus allegheniensis*，ラズベリーは *Rubus idaeus* subspecies *strigosus* だ。

19 ニューファンドランドでは，このベリーは「ベイクアップル bakeapple」と呼ばれている。名前の由来にはふたつ説があり，ひとつは熟したときの味が焼きリンゴに似ているからというもの，もうひとつは，地元の言い伝えによると，この地を訪れたフランスの船乗りが「このベリーは何という名だい？ La baie qu'appelle?」と尋ねたからだという。ケベック州では，このベリーは「chicouté」と呼ばれている。

20 もっとも，ラズベリーはミツバチの助けを借りて他の花と交配する。

21 See 'Fragaria' in *The Plant List*, www.theplantlist.org に2016年8月29日にアクセス。

22 「ほかにも雪のように白く，イラクサのような葉を持つ，プランテン（インドの果物）に似た甘味のある非常にすばらしい植物があり，ツタのように木に巻きつき，地面を這うように伸びている」。Samuel de Champlain, *The Works of Samuel de Champlain*, vol. II, ed. H. P. Biggar (Toronto, 1925), p. 177.

23 アイヌ語の誤訳がそのまま使われたが，たしかに効果的な宣伝文句だ。see http://haskap.ca/health-benefits に2016年11月30日にアクセス。

24 日本のお盆の時期には，故人の魂を導くためにホオズキが供え物として売られている。哺乳類には有害だ。

25 悪評を受け，イタリア語の「メランザーネ（ナス）」は「狂ったリンゴ」とも言われていたが，高名な医師アントニウス・ムサ・ブラッサヴォラはタラゴン家のイザベラとジュリアにナスを煮たり揚げたりしてもらいおいしく食べていたことから，これに異議を唱えている。しかし，リンネはこの植物を「*Solanum insanum*（insanum は「狂った」の意）」と名づけた。see Edward Lee Greene, *Landmarks of Botanical History*, Part II (Stanford, ca, 1983), pp. 688-9.

26 From 'Autumn Berries', *British Medical Journal*, II/1606 (1891), pp. 805-6.

27 George Arents Collection, The New York Public Library, 'Some Poisonous Berries', New York Public Library Digital Collections, https://digitalcollections.nypl.org に2018年12月27日にアクセス。

28 'Bryan on Scouting', *Scouting Magazine* blog, https://blog.scoutingmagazine. org に2018年12月1日にアクセス。

## 第2章　ベリーの文化

1 Ovid, *Metamorphoses*, ed. Frank Justus Miller and G. P. Goold, 3rd edn (Cambridge, ma, 1977), Book X, p. 71, www-loebclassics-com に2018年7月1日にアクセス。［プーブリウス・オウィディウス・ナーソー著『変身物語』／中村善也訳／岩波書店／1990年］

2 同前. Book XLII, pp. 10-11.

3 甘い果実を食べて欲望を刺激されるという話には，長い歴史があるようだ。see Lucretius Carus, Titus, et al., *De rerum natura* (Cambridge, ma, 1992), www-loebclassics-com に2018年7月3日にアクセス。

4 1934年に出版された『花の妖精たち　アルファベット』（ロンドン）に登場するイチゴの妖精は磁器の人形，クロスステッチの図柄，木製パズル，

デコパージュなどさまざまな形に姿を変えてきた。1979年にアメリカのケナー社から発売された人気のぬいぐるみ「ストロベリー・ショートケーキ」は，この花の妖精がモデルなのかもしれない。「ストロベリー・ショートケーキ」はある仕掛けで子供たちの心をいっそう捉えた。この人形は，人工的なイチゴの香りがするのだ。

5 M.S.S., 'A Hospital Blackberry Feast', from *The Prize for Girls and Boys* (London, 1880), p. 23.

6 晩秋になるとブラックベリーは弱り，カビ菌（毒性がある種類もある）に感染しやすくなる。

7 Anonymous, T*he Babes in the Wood: One of R. Caldecott's Picture Books* (London, 1880), available at www.gutenberg.org に2018年7月24日にアクセス。

8 ジョン・スウェインもビルベリー摘みについての詩を書いているが，こちらはやや陽気さに欠ける。「いつも笑顔の日ばかりとは限らない／私たちが青い実を集めている間に／雲は暗闇を集め，嵐を起こした！／惨めな気分になったかって？　それどころか／世界中探しても　あのときの私たちほど陽気な子供はいなかっただろう」。John Swain, *The Tide of Even, and Other Poems* (London, 1877), pp. 204-5.

9 Henry David Thoreau, 'Huckleberries' [c. 1859], in *Wild Apples and Other Natural History Essays* (Athens, GA, 2002), p. 176.

10 同前. p. 187.

11 同前. pp. 192-3.

12 同前. p. 191.

13 Henry David Thoreau, *Wild Fruits: Thoreau's Rediscovered Last Manuscript* [ソロー著『野生の果実／ソロー・ニュー・ミレニアム』], ed. Bradley P. Dean (New York, 2000), p. 4.

14 Thoreau, 'Huckleberries', p. 194.

15 同前. p. 188.

16 「彼らの住み処は木立であり，ベリーを食べて暮らしている」。Pliny the Elder, *The Natural History*, trans. John Bostock and H. T. Riley (London, 1855), www.perseus.tufts.edu に2018年7月3日にアクセス。[大プリニウス著『博物誌』]

17 Thoreau, *Wild Fruits*, pp. 16-17. [ソロー著『野生の果実／ソロー・ニュー・ミレニアム』]

18 Father Andrew White, a Jesuit missionary, describing Maryland in 1634 in *A*

*Briefe Relation of the Voyage unto Maryland* (London, 1635), http://aomol. msa. maryland.gov に2018年6月27日にアクセス。南アメリカ，特にチリでは果実が豊富で，1641年にアロンソ・デ・オバエ司祭が記したとおり「通常，人々が果実を買うことはない。どの果樹園にでも入って好きなだけ実を食べることが許されているからだ」。ジム・スチュアートのブログEating Chileanより引用。www.eatingchile.blogspot.com, 14 November 2009.

19 Thoreau, *Wild Fruits*, p. 16. ［ソロー著『野生の果実／ソロー・ニュー・ミレニアム』］

20 William Bartram, *Travels Through North and South Carolina, Georgia, East and West Florida, the Cherokee Country . . . Together with Observations on the Manners of the Indians* (Philadelphia, PA, 1791), pp. 356-7.

21 Thoreau, Wild Fruits, p. 17. ［ソロー著『野生の果実／ソロー・ニュー・ミレニアム』］。ソローのロマンチックで叙事的なベリーへの思いとは正反対に，ダーウィンは次のような観察を行った。「チリの先住民フエゴ島民が食べるおもな植物はキノコ類だ。ベリーも多少は口にする——おもにヒメイチゴを」。楽園の食べ物にはほど遠い響きだ。Robert FitzRoy, *Narrative of the Surveying Voyages of His Majesty's Ships Adventure and Beagle Between the Year 1826 and 1836*, vol. II (London, 1839), p. 185.

22 Ovid, Metamorphoses, Book VIII, pp. 452-3. ［ナーソー著『変身物語』］

23 Thoreau, 'Huckleberries', pp. 190-91.

24 Robert Frost, 'Blueberries', in *North of Boston* (New York, 1915), pp. 56-63.

25 Ralph Waldo Emerson, 'Berrying', in *Poems* (Boston, MA, 1847), p. 64.

26 Edmund Spenser, Sonnet XLIII: 'Amoretti and Epithalamion' [1595], in *The Complete Works of Edmund Spenser*, ed. Alexander B. Grosart, vol. IV (London, 1882), p. 109.

27 James Orchard Halliwell, The Nursery Rhymes of England (London, 1886), no. 294.

28 カナダの先住民チペワイヤン族やイロコイ族もイチゴを「ハートベリー」と呼んでいるが，イチゴにはほかにもいくつか形がある。James Mooney, *Myths of the Cherokee* (Washington, DC, 1902), p. 260, available at www.gutenberg.org に2018年6月30日にアクセス。

29 Dr William Butler, quoted in Izaak Walton, *The Complete Angler, or the Contemplative Man's Recreation* (London, 1815), pp. 199-200.

30 オセロに疑念を抱かせたのは陰湿なイアーゴだ。「いや，もっと賢く立ち

まわりましょう。われわれはまだ何も目撃していないのですから。彼女はまだ貞淑な妻かもしれない。だが，ひとつ言わせてください。奥方はいつもイチゴ模様のハンカチを手にしておられませんでしたか？」ウィリアム・シェイクスピア著「オセロ」第3幕3場。

31 Pedro Pineda, *A New Dictionary, Spanish and English and English and Spanish: Containing the Etimology, the Proper and Metaphorical Signification of Words, Terms of Arts and Sciences . . .* (London, 1741):「イチゴノキはスペインにある果実で，これを食べると酔っぱらうと言われている」

32 Walter S. Gibson, 'The Strawberries of Hieronymus Bosch', *Cleveland Studies in the History of Art*, VIII (2003), p. 25. イチゴノキの実は味が薄いと言われているので，たしかに束の間の楽しみだったのだろう。

33 Irish Traditional Music Archive, 'Ballad Sheet ii Scrapbook, Part ii', www.itma.ie に2018年8月2日にアクセス。

34 1895年に作曲家フレデリック・デランジェがこの詩に曲をつけ，その後詩の一部をフランシス・チャールズ・フィリップスが英語に翻訳して「ローズ」というタイトルの曲になったが，残念ながら本書に引用された連は使われていない。Victor Hugo, 'Vieille chanson du jeune temps', from *Les Contemplations* (Paris, 1856), available at www.poesie-francaise.fr に2018年7月3日にアクセス。

35 'Broadside Ballads', National Library of Scotland, https://digital.nls.uk に2018年7月2日にアクセス。

36 Alfred Perceval Graves, 'My Love's an Arbutus', in *Songs of Old Ireland* (1882), www.libraryireland.com に2018年8月2日にアクセス。

37 'She's the White Flower of the Blackberry', eighteenth-century Irish folksong, Kenneth Hurlstone Jackson, *A Celtic Miscellany: Translations from the Celtic Literatures* (London, 1951), no. 58.

38 Joyce Carol Thomas, 'Lubelle Berries', *The Black Scholar*, X/3-4: Black Literature (November/December 1978), p. 21.

## 第3章　暮らしのなかのベリー

1 W. S. Coleman, *Our Woodlands, Heaths, and Hedges: A Popular Description of Trees, Shrubs, Wild Fruits, etc.: With Notices of Their Insect Inhabitants* (London, 1859), quoted in Henry David Thoreau, 'Huckleberries', in *Wild Apples and Other Natural History Essays* (Athens, GA, 2002), p. 43.

2 See Harriet V. Kuhnlein and Nancy J. Turner, 'Traditional Plant Foods of Canadian Indigenous Peoples: Nutrition, Botany and Use, Food and Nutrition', *History and Anthropology*, VIII (Amsterdam, 1991), p. 7.

3 「乾燥させたベリーのケーキも沿岸部の先住民には非常に人気があり，また最も重要な交易品のひとつだった。ギックサン族やウェットスエテン族はグリーストレイル交易路を通って沿岸部にこのケーキを運び，ユーラコン（ロウソクウオ）の油脂やその他の製品と交換した」。Scott Trusler and Leslie Main Johnson, '"Berry Patch" as a Kind of Place: The Ethnoecology of Black Huckleberry in Northwestern Canada', *Human Ecology*, XXXVI/4 (August 2008), pp. 553-68.

4 Mary Lockwood, 'Tundra Gathering', *Frontiers: A Journal of Women Studies*, XXIII/2: Indigenous Women (2002), pp. 33-5.

5 John Bennett and Susan Rowley, eds, 'Gathering', *in Uqalurait: An Oral History of Nunavut* (Montreal, 2004), p. 80.

6 フランス人宣教師クラウディウス・フェランが『12月のイチゴ *Les Fraises de décembre*』で取り上げた日本のおとぎ話は，この習慣にヒントを得たものかもしれない。物語に出てくるお菊はつらい境遇にある少女で，冬にイチゴを摘んでくるように言われる。すると冬の女神がお菊の嘆きを聞きつけ，不思議な力で雪のなかに赤い実を顕（あらわ）すのだ。Claudius Ferrand, *Fables et légendes du Japon* (Paris, 1903), pp. 99-107.

7 また，北アメリカの西海岸に生育する苦い味の「ソープベリー」(*Shepherdia canadensis*)もクリームを泡立てたお菓子に変身し，今でも家族の集まりや，最近では高級レストランで提供されている。See Kuhnlein and Turner, 'Traditional Plant Foods', p. 106.

8 Chantal Norrgard, 'From Berries to Orchards: Tracing the History of Berrying and Economic Transformation Among Lake Superior Ojibwe', *American Indian Quarterly*, XXXIII/1 (Winter 2009), pp. 33-61.

9 George W. Wood, 'The Wild Blueberry Industry - Past', *Small Fruits Review*, III/1-2 (2004), p. 12.

10 Trusler and Johnson, '"Berry Patch"', p. 556.

11 Norrgard, 'From Berries to Orchards', p. 49.

12 Rebecca T. Richards and Susan J. Alexander, *A Social History of Wild Huckleberry Harvesting in the Pacific Northwest*, USDA Forest Service, General Technical Report pnw-gtr-657 (Portland, OR, 2006), p. 9.

13 Lockwood, 'Tundra Gathering', p. 34.

14 1672年のジョン・ジョスリンの記録によると，「ビルベリーには黒と空色の2種類があり，どちらかというと空色のほうが多かったそうだ。〔中略〕先住民はそれを天日干ししたものをイギリス人にブッシェル単位で売っている。イギリス人はそれをスグリの代わりに利用し，煮たり焼いたりしてプディングに入れたり，オートミールに加えたりする」（ソロー著'Huckleberries', p. 182. より引用）。ジョスリンの記録から約200年後の1883年，『ノース・ウィスコンシン・ニュース *The North Wisconsin News*』紙はオジブワ族が地元の人々にブルーベリーを売るようすを紹介している。「今週少量のブルーベリーが町に持ちこまれた。値段は1クォートあたり1シリング，自宅で食べる分を求める人々が集まりあっという間に売り切れた」。Trusler and Johnson, '"Berry Patch"', p. 40.

15 Richard Peters, quoted in Peter Hatch, 'Arcadian Dainties with a True Paradisiacal Flavor', *Twinleaf Journal Online* (1997), www.monticello.org に2018年6月20日にアクセス。

16 Thoreau, 'Huckleberries', pp. 190-93.

17 Wood, 'The Wild Blueberry Industry', p. 13.

18 National Park Service, From Marsh to Farm: *The Landscape Transformation of Coastal New Jersey*, www.nps.gov/parkhistory に2018年7月3日にアクセス。

19 S. W. Fletcher, *The Strawberry in North America: History, Origin, Botany, and Breeding* (New York, 1917), p. 59.

20 'La Fraise des quatre saisons', *L'Agriculture nouvelle* (17 May 1913), www.shw-woippy.net.

21 George M. Darrow, *The Strawberry: History, Breeding and Physiology* (New York, 1966), p. 17.

22 Henry Mayhew, *London Labour and the London Poor* (London, 1861), pp. 81, 85.

23 Daniel Lysons, The Environs of London, vol. ii: Part 2: County of Middlesex (London, 1811), pp. 840-41.

24 David Harvey, 'Fruit Growing in Kent in the Nineteenth Century', *Archaeologia Cantiana*, LXXIX (1964), p. 104.

25 「乾燥人糞は文字通り人糞を乾燥させ粉末にしたもので，それ以上でも以下でもない。30年ほど前に著名な農学者アントワーヌ＝オーギュスタン・パルマンティエが最初に肥料として推奨した」。Patrick Neill, *Journal of a*

*Horticultural Tour Through Some Parts of Flanders, Holland, and the North of France, in the Autumn of 1817* (Edinburgh, 1823), p. 367. より引用。

26 APUR (Atelier Paris d'urbanisme), *Évolution de la nature à Paris de 1730 à nos-jours* (Note 122, February 2018), n.p., www.apur.org.

27 Neill, *Journal of a Horticultural Tour*, p. 436.

28 Lysons, *The Environs of London*, p. 444. The women who earned 3s. 6d. made about ￡12 in current British money (see Measuring Worth, www.measuringworth.com).

29 *The Saturday Magazine*, IV (January-June 1834), pp. 222-3, available at https://play.google.com/books に2018年7月10日にアクセス。

30 William Page, ed., *A History of the County of Hampshire*, vol. III (London, 1908), available at British History Online, www.british-history.ac.uk に2019年3月1日にアクセス。

31 Hampshire Archives, 'A Taste of Summer: Strawberry Growing in Hampshire' (3 May 2017), https://hampshirearchivesandlocalstudies. wordpress.com.

32 'Histoire de Woippy - La Fraise de Woippy' (Raconte-moi-Woippy)', www.shw-woippy.net に2018年7月9日にアクセス。

33 'The Strawberry Harvest', *Scientific American*, XIII/1 (1 July 1865), p. 2.

34 農家の女性労働者の平均日当が約1ドルだった当時としては，この重労働に対する日当はかなりの高額と言えるかもしれない。イチゴは1クォートあたり30～40セントで売られていた。See United States Department of the Treasury, Bureau of Statistics, 'Special Report on Immigration: Accompanying Information for Immigrants . . . in the Year 1869-'70', Washington: G.P.O. (1871), https://catalog.hathitrust.org に2018年7月9日にアクセス。

35 Fletcher, *The Strawberry in North America*, p. 68.

36 National Park Service, *From Marsh to Farm.*

37 Captions to photographs by Lewis Hine, National Child Labor Committee Collection, Library of Congress, www.loc.gov に2018年7月2日にアクセス。

38 Linda Cullum, '"It was a woman's job, I 'spose, pickin' dirt outa berries": Negotiating Gender, Work, and Wages at Job Brothers, 1940-1950', *Newfoundland and Labrador Studies*, XXIII/2 (2008), p. 13.

39 'Strawberry Picker Checks of Sarcoxie, Missouri', *Nova Numismatics* (4 June 2011), www.novanumismatics.com.

40 Hampshire Archives, 'A Taste of Summer'.

41 SoPSE, 'Strawberry Train Exhibition, Westbury Manor Museum, Fareham', www.sopse.org.uk に2018年7月2日にアクセス。

42 Alison Campse, '100 Years of Berry Picking and Scottish Summers', *The Scotsman* (29 June 2016), www.scotsman.com.

43 Richard Moore-Colyer, 'Children's Labour in the Countryside during World War ii: A Further Note', *Agricultural History Review*, XLIV/ 2 (2006),

44 In Anne Le Nir, 'Les Italiennes, nouvelles esclaves des champs du sud de l'Italie', rfi (27 May 2015), www.rfi.fr.

45 In 2018 Spain recruited up to 16,000 female pickers. *Géopolis*, 'Récoltes des fraises: L'Espagne va recruter entre 13.000 et 16.000 Marocaines' (2 February 2018), http://geopolis.francetvinfo.fr; see also Salma Khouja, '"Dames de fraises, doigts de fée", l'enquête qui met en lumière le travail des saisonnières marocaines en Espagne', *HuffPost Maroc* (2 February 2018), www.huffpostmaghreb.com.

46 Juana Moreno Nieto, '"Faut-il des mains de femmes pour cueillir les fraises?" Dynamique de la gestion de la main-d'oeuvre et du travail dans le secteur fraisier du périmètre irrigué du Loukkos (Maroc)', *Les Études et essais du Centre Jacques Berque*, XI (December 2012), available at www.researchgate.net に2018年7月9日にアクセス。

47 'Contextualizing Forced Labor in the Strawberry Industry', *Global Human Trafficking* (5 March 2018), https://u.osu.edu/osuhtblog.

48 P. M. Weston and M. L. Espir, 'Strawberry Pickers' Foot Drop', *British Medical Journal*, II/6085 (1977), p. 520; S. Tanaka, 'Blueberry Rakers' Tendinitis', *New England Journal of Medicine*, CCCXXXI (25 August 1994), p. 552.

49 Helena Smith, 'Bangladeshi Fruit Pickers Shot at by Greek Farmers Win Human Rights Case', *The Guardian* (30 March 2017), available at www.theguardian.com.

50 自然享受権を現すEveryman's rightという言葉は，フィンランド語およびスウェーデン語をそのまま翻訳したものだ（フィンランド語ではjokamiehen oikeus，スウェーデン語ではallemansrätt）。

51 See Swedish Environmental Protection Agency, 'Picking Flowers, Berries, Mushrooms, etc.', www.swedishepa.se に2018年12月29日にアクセス。

52 Finnish Forest Association, 'Participation in Forest-related Pursuits in Finland in 2010' (updated 2012), https://smy.fi/en に2018年12月30日にアクセス。

53 フィンランドのベリー収穫産業にはほとんど規制はなく，タイ政府は

2017年にベリー収穫者の出国ビザの制限に踏み切った。See 'Thailand Cuts Number of Berry Pickers to Finland - After Last Year's Human Trafficking Scandal', *Uutiset* (27 May 2018), https://yle.fi/uutiset.

54 Lucy Hooker, 'The Strawberry-picking Robots Doing a Job Humans Won't', *BBC News* (25 May 2018), www.bbc.com/news.

55 お金を稼ぐためではなく田舎の生活を楽しむために季節ごとに年に1，2回田舎にやって来る新しい「ベリー摘み」集団が，ロボットの仲間に加わることは間違いないだろう。日本の和歌山県では，かつて市場にイチゴを運んでいたイチゴ列車に代わって赤と白の装飾が施された「いちご電車」が貴志川線に登場し，イチゴのクッションに座った観光客をビニールハウスに運んでいる。

## 第4章　交配の歴史

1 Olivier de Serre, *Le Théâtre d'agriculture et mesnage des champs* (Paris, 1605), pp. 576-7; Francis Bacon, 'Of Gardens', in *The Essayes or Counsels, Civill and Morall* (London, 1625), p. 276.

2 John Parkinson, *Paradisi in sole paradisus terrestris; or, A Garden of All Sorts of Pleasant Flowers Which our English Ayre Will Permitt to be Noursed . . .* (London, 1629), p. 526.

3 Thomas Hill, quoted in George M. Darrow, *The Strawberry: History, Breeding and Physiology* (New York, 1966), pp. 22-3.

4 Peter Hatch, *'Arcadian Dainties with a True Paradisiacal Flavor', Twinleaf Journal Online* (1997), www.monticello.org に2018年7月20日にアクセス。

5 Parkinson, *Paradisi in sole*, p. 528.

6 Padre Alfonso de Ovalle, quoted in Darrow, *The Strawberry*, pp. 25-6.

7 Darrow, *The Strawberry*, p. 31.

8 18世紀のポトルの容量は約1リットルだった。

9 Amédée-François Frézier, quoted in Darrow, *The Strawberry*, pp. 31-4.

10 Philip Miller quoted 同前 , p. 36.

11 S. W. Fletcher, *The Strawberry in North America: History, Origin, Botany, and Breeding* (New York, 1917), pp. 38-9.

12 同前 . pp. 39-40.

13 Parkinson, *Paradisi in sole*, pp. 557-61, 571, 603.

14 そのためグースベリーは「サバスグリ」と呼ばれることもある。

15 Patrick Neill, *Journal of a Horticultural Tour Through Some Parts of Flanders, Holland, and the North of France, in the Autumn of 1817*（Edinburgh, 1823）, pp. 466-7.

16 こうした記録はジョン・フォルスタッフ卿が経営するフォルスタッフ亭で見ることができる。余談だが，フォルスタッフと聞いてシェイクスピアの『ヘンリー4世』第1部2幕4場のあの名言を思い出す人も多いだろう。「理由はブラックベリーの数ほどたんまりあるが，無理強いされるとあっちゃどこの誰にだって言えないね。ああ，絶対に」。*Gooseberry Growers' Register, or, An Account of the Different Gooseberry Shows Held in Lancashire, Cheshire, and Other Parts of the Kingdom, for the Year 1851* . . .（Salford, 1851）.

17 Charles Darwin, *The Variation of Animals and Plants under Domestication*（New York, 1894）, vol. I, p. 378.

18 'Egton Bridge Gooseberry Show', www.egtongooseberryshow.org.uk に2018年7月11日にアクセス。

19 Catherine Parr Traill, *Studies of Plant Life in Canada: Wild Flowers, Flowering Shrubs, and Grasses*（Toronto, 1906）, p. 161.

20 Hannah Glasse, *The Art of Cookery Made Plain and Easy Which Far Exceedeth Any Thing of the Kind Yet Published*（London, 1747）, p. 118.

21 Henry David Thoreau, 'Huckleberries', in *Wild Apples and Other Natural History Essays*（Athens, GA, 2002）, p. 43.

22 Robert S. Cox, *New England Pie: History Under a Crust*（Charleston, SC, 2015）, p. 88.

23 Elizabeth White, quoted in National Parks Service, 'Whitesbog Village & Cranberry Bog', HALS（Historic American Landscape Survey）（Washington, DC, n.d.）, p. 40.

24 Frederick Coville, *Experiments in Blueberry Culture*, USDA Bureau of Plant Industry, Bulletin 193（Washington, dc, 1911）, pp. 13-14.

25 J. Kim Kaplan, 'Blueberry Growing Comes to the National Agricultural Library', *Agricultural Research*（May-June 2011）, pp. 13-15.

26 O. H. Barnhill, 'Growing the Blueberry, Queen of the Small Fruits', *San Francisco Examiner*（22 July 1923）, cited in National Parks Service, 'Whitesbog Village and Cranberry Bog', p. 50.

27 Thoreau, 'Huckleberries', p. 188.

28 National Park Service, *From Marsh to Farm: The Landscape Transformation of*

*Coastal New Jersey*, www.nps.gov に2018年7月3日にアクセス。
29 Cesar Rodriguez-Saona et al., 'Tracing the History of Plant Traits Under Domestication in Cranberries: Potential Consequences on Anti-herbivore Defences', *Journal of Experimental Botany*, LXII/8 (1 May 2011), pp. 2633-44.
30 Jonathan Roberts, *The Origins of Fruit and Vegetables* (New York, 2001), p. 17.
31 K. E. Hummer, Chad Finn and Michael Dossett, 'Luther Burbank's Best Berries', Horticultural Science, l/2 (February 2015), p. 207.
32 Luther Burbank, 'The Sunberry - A Production from the Wild; A New Food Plant From a Poisonous Family', in Luther Burbank et al., *Luther Burbank: His Methods and Discoveries and Their Practical Application* (New York, 1914).

### 第5章　ベリーの保存食

1 Henry David Thoreau, 'Huckleberries', in *Wild Apples and Other Natural History Essays* (Athens, GA, 2002), p. 239.
2 From *De re coquinaria (On the Subject of Cooking): Apicius, Cooking and Dining in Imperial Rome*, trans. Joseph Dommers Vehling, available at www.gutenberg.org, に2018年7月22日にアクセス。
3 'Black Huckleberry', USDA Plant Guide/Fact Sheet, https://plants.usda.gov に2018年7月22日にアクセス。
4 Gabriel Sagard and Roger Williams, quoted in Thoreau, 'Huckleberries',
5 Terrence Scully, *The Viandier of Taillevent: An Edition of All Extant Manuscripts* (Ottawa, 1988), pp. 283, 296, 301.
6 マルベリーはイギリスが原産ではなく，ローマ人によって持ちこまれた。
7 John Gerard, *The Herball; or, Generall Historie of Plantes*, enlarged and amended by Thomas Johnson (London, 1636), p. 998.
8 Thomas Austin, ed., *Two Fifteenth-century Cookery-books* (London, 1888), p. 29.
9 Gerard, *The Herball*, p. 1,420.
10 Bartolomeo Scappi, *The Opera of Bartolomeo Scappi (1570): L'arte et prudenza d'un maestro cuoco*, trans. with commentary by Terence Scully (Toronto, 2008), pp. 247, 587.
11 François Massialot, *Nouvelle instruction pour les confitures, les liqueurs, et les fruits, avec la manière de bien ordonner un dessert . . .* [1692] (Paris, 1715). pp. 34-45, 147-79, 366-80, 450-55.
12 Gerard, *The Herball*, p. 1594.

13 Gervase Markham, *Countrey Contentments; or The English Huswife: Containing the Inward and Outward Vertues Which Ought to be in a Compleate Woman* (London, 1623), p. 110.

14 Hannah Glasse, *The Art of Cookery Made Plain and Easy Which Far Exceedeth Any Thing of the Kind Yet Published* (London 1747), pp. 231-2.

15 「この本があれば，文字を読むことのできる使用人なら誰でもそこそこ優れた料理人になるだろうし，料理の心得がほぼない人でも絶対に失敗のしようがない」。同前. p. i. グラスは当時「たいしたことのない」フランス流の料理をやたらと取り入れる人々を苦々しく思い，「優れたイギリスの料理人」が作ればもっとおいしくなると主張していた。彼女のプリザーブのレシピは，マシアロのものとほぼ同じだ。

16 また，グラスは「竹に似た，エルダーベリーの新芽」という変わった保存食も作っていた。同前. p. 207.

17 同前. p. 239.

18 同前. p. 222. ヘンリー・メイヒューは，コヴェント・ガーデンで労働者階級の男性や少年に売られていたグラス入りのスパイス・エルダーワインについても記録している。「スパイス・エルダーワインのグラスには焼いた小さなパンが添えられていた。それをワインに浸して食べる者もいる。『おれが知る限りじゃ，たいしてうまいもんじゃない』とあるエルダーワイン売りは言った。『だが，流行だからみんなそうやって食べているのさ』」。Henry Mayhew, *London Labour and the London Poor* (London, 1861), pp. 189-90.

19 Leo Tolstoy, *Anna Karenina* [1877], [レオ・トルストイ『アンナ・カレーニナ』] trans. Nathan Haskell Dole (New York, 1899), Part V, pp. 67-8.

20 E. F. Haskell, *The Housekeeper's Encyclopedia of Useful Information for the Housekeeper in All Branches of Cooking and Domestic Economy* (New York, 1864), p. 282. ハスケルのこの著書は1876年に『経済小学家政要旨』という題名で日本語に翻訳された。小学校の読本に使われたり一般の人にも読まれたりして，明治時代の日本に西洋的な家政学の概念を植えつけることになった本だ。

21 同前. p. vi.

22 1854年に出版された『万人のための1シリング料理 *A Shilling Cookery for the People*』は，ロンドンの紳士の社交場「リフォーム・クラブ」の名シェフだったアレクシス・ソイヤーが「自由な国を支える産業階級」の料理

に焦点を当てて書いた料理書だ。1847年，大飢饉にあえぐアイルランドに政府から派遣されたソイヤーは飢饉の影響を目の当たりにし，料理を教えることで「病気を治す」方法を模索する。彼は，新鮮な果実（「大半の農場主や日雇い農夫は，季節の終わりには何らかの果実を自分たち用に取り分けていた」）はおもに保存食の材料にするように勧め，果実を使うレシピのほとんどはジャム料理だった。例外として，シナモンと砂糖を少々加え，ブランデー1ギルで味つけした新鮮なイチゴのサラダが紹介されている。*Alexis Soyer, A Shilling Cookery for the People* (London, 1854).

23 W. Hamish Fraser, *The Coming of the Mass Market* (London, 1981), p. 168.

24 Arthur Hill Hassall, *Food and its Adulterations; Comprising the Reports of the Analytical Sanitary Commission of 'The Lancet' for the Years 1851 to 1854 Inclusive* (London 1855), pp. 482-9.

25 'Royal Jam', *British Medical Journal*, I/632 (8 February 1873), p. 151.

26 'National Fruit-supply', *British Medical Journal*, I/1202 (12 January 1884), p. 75.

27 Frederick Keeble, 'Intensive Cultivation During the War', *Journal of the Royal Society of Arts*, LXVIII/3542 (8 October 1920), pp. 745-7.

28 'Jam and the WI During the Second World War', www.thewi.org.uk, に2018年7月25日にアクセス。

29 'Le Coup jeune de Bonne Maman', *Capital* (9 October 2009), www.capital.fr.

30 Henry David Thoreau, *Wild Fruits: Thoreau's Rediscovered Last Manuscript*, ed. Bradley P. Dean (New York, 2000), p. 106.

31 Gerard, *The Herball*, p. 998.

32 同前. p. 175.

33 同前. p. 1274.

34 Maud Grieve, *A Modern Herbal* [1931] (New York, 1971), available at https://botanical.com, に2018年7月27日にアクセス。

35 「リンネは1750年に痛風で瀕死の状態に陥ったが，キイチゴを食べて治癒したため季節ごとに可能な限り，また胃が耐えられる限りこの実を食べるようになった。こうして彼は痛風を完全に治しただけでなく，硬水を飲むことでさらに効果を高め，毎年体調を大きく崩す原因だった壊血病をも克服したのだ」。Richard Pulteney, *A General View of the Writings of Linnaeus* (London, 1805), p. 563. より引用。

36 Grieve, 'Elder', *A Modern Herbal*, p. 269.

37 'Insanity from Strawberries', *The Washington Post* (8 June 1915), on the Yester Year Once More blog, https://yesteryearsnews.wordpress.com に2018年7月28日にアクセス。

38 'The Baleful Strawberry', *The News* (11 June 1907), 同前.

39 Jacob Biggle, *The Biggle Berry Book* (Philadelphia, PA, 1911), p. 15.

40 ガマズミから抽出された「ビブルン（ガマズミ）酸」は，カノコソウから抽出された「バレリアン酸」とよく似ており，どちらも特に女性特有の悩みを緩和するのに古くから使われてきた（アルコールや，19世紀の医学界を支えたアヘンよりも好まれていた）。Theodore Shennan,' *Experimental Research into the Action of Viburnum prunifolium* (Blackhaw)', *Edinburgh Medical Journal*, XLII (November 1896), pp. 404-17.

41 H. Nakaishi et al., 'Effects of Black Currant Anthocyanoside Intakeon Dark Adaptation and VDT Work-induced Transient Refractive Alteration in Healthy Humans', *Alternate Medicine Review*, V/6 (2000), pp. 553-62.

42 E. Pappas and K. M. Schaich, 'Phytochemicals of Cranberries and Cranberry Products: Characterization, Potential Health Effects, and Processing Stability', *Critical Reviews in Food Science and Nutrition*, 49 (2009), pp. 741-81.

43 Bottom Line Inc., 'Berries Are Better than Drugs', https://bottomlineinc.com に2018年8月1日にアクセス。

44 Jacqueline B. Marcus, 'Vitamin and Mineral Basics: The ABCs of Healthy Foods and Beverages, Including Phytonutrients and Functional Foods', *Culinary Nutrition: The Science and Practice of Healthy Cooking* (2013).

## 第6章　世界のベリー事情

1 George M. Darrow, The Strawberry: *History, Breeding and Physiology* (New York, 1966), p. 162.

2 According to FAO statistics, world acreage in 2017 was 395,844 ha (978,152 ac); www.fao.org/faostat に2019年1月2日にアクセス。

3 2017年のバナナの栽培量（1億1391万8763トン）はイチゴの12倍以上だった。また，FAOが推定した同年の全果実の生産量（8億6559万60トン）のうち，リンゴは約10分の1を占めている。

4 Faith Clark et al., 'Food Consumption of Urban Families in the United States with an Appraisal of Methods and Analysis', *Agriculture Information Bulletin*, No. 132 (October 1954), Home Economics Research Branch, Agricultural Research

Service, United States Department of Agriculture.

5 Statista, 'Per Capita Consumption of Fresh Berries in the United States from 2000 to 2015 (In Pounds)', www.statista.com に2018年8月2日にアクセス。

6 U.S. Highbush Blueberry Council, 'Blueberry Consumption Set to Continue Climbing' (3 May 2017), www.blueberrycouncil.org.

7 Katie Morley, 'Berry Craze Sees Fruit Overtake Vegetables in Shoppers' Baskets', *The Telegraph*, 2 January 2019, www.telegraph.co.uk に2019年6月10日にアクセス。

8 Fresh Plaza, 'UK Farmers Expect Further Uplift of Berry Crops' (7 September 2018), www.freshplaza.com.

9 'Chinese Taste for Blueberries Creates Huge Market Demand', China Daily (20 April 2018), www.chinadaily.com.

10 'Strawberry Generation', *New York Times* (30 November 2008), https://schott.blogs.nytimes.com.

11 'Just How Green Are Polytunnels?', *The Independent* (15 June 2006), www.independent.co.uk.

12 あらゆる種類のビニールハウスを製造しているヘイグローブ社は，雲南省の最南端にあるシーサンパンナ（西双版納）タイ族自治州の新しい農場をこう紹介している。「ほとんど知られていない美しい自然が広がる，ベリー栽培者よりもバックパッカーにおなじみの場所」。see www.haygrove.com/polytunnels. A recent televised Spanish crime drama, Mar de plástico, is set in a fictional community where the 'plastic sea' of greenhouses dominates the landscape.

13 中国では，農業用の薄いプラスチックは「通常，作業中に細かくちぎれてしまうため，外観を損ない，家畜を危険にさらし，川や湖を汚す『白い汚染』として知られる現象を引き起こす」。M. Ingman, M. V. Santelmann and B. Tilt, 'Agricultural Water Conservation in China: Plastic Mulch and Traditional Irrigation', *Ecosystem Health and Sustainability* (11 June 2015).

14 Stephen Vann, 'Gray Mold - A Silent Strawberry Nemesis', www.uaex.edu/publications に2018年8月3日にアクセス。

15 Environmental Working Group (EWG), 'Shoppers' Guide to Pesticides in Produce 2018', www.ewg.org/foodnews に2018年8月4日にアクセス。

16 「農産物の総購入量に占める有機農産物の割合は，オーストラリアで2パーセント，オランダで5パーセント，北アメリカで9パーセント，スウェー

デンで15パーセントと，国によって大きく異なる」。RaboResearch, 'World Fruit Map 2018: Global Trade Still Fruitful' (February 2018), https://research.rabobank.com/far/en/home/index.html. より引用。

17 Josh Freeman, 'Totally Impermeable Film - A New Plastic Mulch Option for 2016 Fumigation' (13 November 2015), http://nwdistrict.ifas.ufl.edu/phag.

18 Francis Bacon, *Sylva Sylvarum; or, A Natural History*, in Ten Centuries (London, 1670), Century V, pp. 411, 91.

19 Tim Hornyak, 'Tomatoes, Melons, Cucumbers Grown on Thin Films', CNET (17 August 2011), www.cnet.com/news; see also 'New Technology Makes Agriculture Possible on Barren Land', *Tomodachi* (Autumn 2015), www.japan.go.jp.

20 2016年のキウイフルーツ生産量は400万トンを超えた。Statista, 'Kiwi Production Worldwide from 2000 to 2016', www.statista.com に2018年8月4日にアクセス。

21 'Chinese Gooseberry Becomes Kiwifruit: 15 June 1959', New Zealand History, https://nzhistory.govt.nz に2019年1月2日にアクセス。

22 International Blueberry Organizaion (IBO), 'Irradiation for Peruvian Blueberries Part of Wider U.S. Market Access Talks, Says Industry Rep' (19 March 2018). www.internationalblueberry.org.

23 Mona Popa, 'Shelf-life Extension of Berries: Most Relevant Quality Parameters and New Techniques Used for Berries Processing', Bioatlas - 6th International Conference on Food and Tourism (26-7 May 2016), available at www.researchgate.net に2018年8月4日にアクセス。

24 Statistics available from PubMed, National Center for Biotechnology Information, U.S. National Library of Medicine, www.ncbi.nlm.nih.gov/pubmed に2018年8月2日にアクセス。

25 '*Superfood*', Oxford English Living Dictionary, https://en.oxforddictionaries.com, に2018年8月5日にアクセス。

26 Bill Gibb and Alli Kirker, 'Berry Sales in the UK are Being Boosted by Consumer Demand for Healthy Products', *Sunday Post* (17 June 2016), www.sundaypost.com. ベリーの需要は増え続け，2018年のブルーベリーの売上高は14パーセント増加した。See 'Berry Sales Boom in Year of Extremes for Fruit & Veg' (14 December 2018), www.thegrocer.co.uk.

27 Linus Pauling Institute, 'Flavonoids', https://lpi.oregonstate.edu/mic に2018年8月5日にアクセス。

28 1970年代に北アメリカで流行し始めた，果実と液体を混ぜ合わせる「スムージー」の人気の影響で生鮮果実，冷凍果実ともに消費量が増加している。

29 Prairie Berries,' PurpleFuel Packed with Endless Potential', https://prairieberries.com に2018年8月5日にアクセス。

30 同前.

31 Global Healing Center, '12 Health Benefits of Acai Berries', www.globalhealingcenter.com に2018年8月5日にアクセス。

32 N. P. Seeram, M. Aviram and Y. Zhang, 'Comparison of Antioxidant Potency of Commonly Consumed Polyphenol-rich Beverages in the United States', *Journal Agricultural Food Chemistry*, LVI/4 (February 2008), pp. 1415-22.

33 Charles Bixler Heiser, *Of Plants and People* (Norman, ok, 1992), p. 106.

34 All fruits described in the archives of the Slow Food Foundation for Biodiversity, www.fondazioneslowfood.com に2018年8月5日にアクセス。

35 Valerie Shore, 'New Research Yields Berry Interesting Results', *UVic* News (1 March 2018), www.uvic.ca/news.

36 Roland Fumasi, senior fruit and vegetables analyst at Rabobank in Fresno, California, quoted by Eduardo Thomson in 'The World Wants Blueberries All the Time. Chile's Excited', *Bloomberg* (18 April 2018), www.bloomberg.com.

37 Henry David Thoreau, 'Huckleberries', in *Wild Apples and Other Natural History Essays* (Athens, GA, 2002), p. 5.

ヴィクトリア・ディッケンソン（Victoria Dickenson）
博物館や美術館勤務を経て，現在は歴史家，キュレーター，フリーのコンサルタントとして活躍。モントリオール（カナダ）在住。著書に『*Drawn from Life: Science and Art in the Portrayal of the New World*』（1998年），『*Rabbit*』（2013年），『*Seal*』（2015年）がある。

富原まさ江（とみはら・まさえ）
出版翻訳者。『目覚めの季節～エイミーとイザベル』（DHC）でデビュー。小説・エッセイ・映画・音楽関連など幅広いジャンルの翻訳を手がけている。訳書に『花と木の図書館 桜の文化誌』『図説 デザートの歴史』『「食」の図書館 ベリーの歴史』『同 ヨーグルトの歴史』（原書房），『ノーラン・ヴァリエーションズ：クリストファー・ノーランの映画術』（玄光社），『サフラジェット：平等を求めてたたかった女性たち』（合同出版）ほかがある。

花《はな》と木《き》の図書館《としよかん》

**ベリーの文化誌《ぶんかし》**

●

*2022* 年 *2* 月 *7* 日　第 *1* 刷

**著者**……………ヴィクトリア・ディッケンソン
**訳者**……………富原《とみはら》まさ江《え》
**装幀**……………和田悠里
**発行者**……………成瀬雅人
**発行所**……………株式会社原書房

〒 160-0022 東京都新宿区新宿 1-25-13
電話・代表 03(3354)0685
振替・00150-6-151594
http://www.harashobo.co.jp

**印刷**……………新灯印刷株式会社
**製本**……………東京美術紙工協業組合



ISBN 978-4-562-05957-7, Printed in Japan

## ジンの歴史《「食」の図書館》

レスリー・J・ソルモンソン著　井上廣美訳

オランダで生まれ、イギリスで庶民の酒として大流行。やがてカクテルのベースとして不動の地位を得たジン。今も進化するジンの魅力を歴史的にたどる。新しい動き「ジン・ルネサンス」についても詳述。　２２００円

## バーベキューの歴史《「食」の図書館》

J・ドイッチュ／M・J・イライアス著　伊藤はるみ訳

たかがバーベキュー。されどバーベキュー。火と肉だけのシンプルな料理ゆえ世界中で独自の進化を遂げたバーベキューは、祝祭や政治等の場面で重要な役割も担ってきた。奥深いバーベキューの世界を大研究。　２２００円

## トウモロコシの歴史《「食」の図書館》

マイケル・オーウェン・ジョーンズ著　元村まゆ訳

九千年前のメソアメリカに起源をもつトウモロコシ。人類にとって最重要なこの作物がコロンブスによってヨーロッパへ伝えられ、世界へ急速に広まったのはなぜか。食品以外の意外な利用法も紹介する。　２２００円

## ラム酒の歴史《「食」の図書館》

リチャード・フォス著　内田智穂子

カリブ諸島で奴隷が栽培したサトウキビで造られたラム酒。有害な酒とされるも世界中で愛され、現在では多くのカクテルのベースとなり、高級品も造られている。多面的なラム酒の魅力とその歴史に迫る。　２２００円

## ピクルスと漬け物の歴史《「食」の図書館》

ジャン・デイヴィソン著　甲斐理恵子訳

浅漬け、沢庵、梅干し。日本人にとって身近な漬け物は、古代から世界各地でつくられてきた。料理や文化としての発展の歴史、巨大ビジネスとなった漬け物産業、漬け物が食料問題を解決する可能性にまで迫る。　２２００円

**（価格は税別）**

ジビエの歴史 《「食」の図書館》
ポーラ・ヤング・リー著　堤理華訳

古代より大切なタンパク質の供給源だった野生動物の肉ジビエ。やがて乱獲を規制する法整備が進み、身近なものではなくなっていく。人類の歴史に寄り添いながらも注目されてこなかったジビエに大きく迫る。　２２００円

牡蠣の歴史 《「食」の図書館》
キャロライン・ティリー著　大間知 知子訳

有史以前から食べられ、二千年以上前から養殖もされてきた牡蠣をめぐって繰り広げられてきた濃厚な歴史。古今東西の牡蠣料理、牡蠣の保護、「世界の牡蠣産業の救世主」日本の牡蠣についてもふれる。　２２００円

ロブスターの歴史 《「食」の図書館》
エリザベス・タウンセンド著　元村まゆ訳

焼く、茹でる、汁物、刺身とさまざまに食べられるロブスター。日常食から贅沢品へと評価が変わり、現在は人道的に息の根を止める方法が議論される。人間の注目度にふりまわされるロブスターの運命を辿る。　２２００円

ウオッカの歴史 《「食」の図書館》
パトリシア・ハーリヒー著　大山晶訳

安価でクセがなく、汎用性が高いウオッカ。ウォッカはどこで誕生し、どのように世界中で愛されるようになったのか。魅力的なボトルデザインや新しい飲み方についても解説しながら、ウォッカの歴史を追う。　２２００円

キャベツと白菜の歴史 《「食」の図書館》
メグ・マッケンハウプト著　角敦子訳

大昔から人々に愛されてきたキャベツと白菜。育てやすくて栄養にもすぐれている反面、貧者の野菜とも言われてきた。キャベツと白菜にまつわる驚きの歴史、さまざまな民族料理、最新事情を紹介する。　２２００円

（価格は税別）

## マスタードの歴史　《「食」の図書館》
デメット・ギュゼイ著　元村まゆ訳

毎日の食事に刺激と風味を与えてくれるマスタード。その起源、食事はもちろん医療での利用法、さらには文学や言語、宗教における役割や位置づけまで、世界中で愛されている調味料の驚くべき歴史を追う。　２２００円

## アボカドの歴史　《「食」の図書館》
ジェフ・ミラー著　伊藤はるみ訳

メキシコの山間部でしか知られなかった、果物とも野菜ともつかない果実はなぜ世界中で愛されるようになったのか。独特な味と食感、高い栄養価、ユニークな外観の裏側にある不思議なアボカドの歴史。　２２００円

## ヨーグルトの歴史　《「食」の図書館》
ジューン・ハーシュ著　富原まさ江訳

新石器時代の昔から今も世界中で愛されているヨーグルト。その種類や健康効果、宗教との関係、世界のヨーグルトの多様性、植物性や砂糖不使用などの最新事情など、ヨーグルトの歴史と未来を多角的に紹介。　２２００円

## プディングの歴史　《「食」の図書館》
ジェリ・クィンジオ著　元村まゆ訳

「プディング＝甘いデザート」にあらず。その起源は動物の腸に肉を詰めたソーセージ状のものだった。クリスマスプディングやハギスほか、イギリスをはじめとする世界各地のプディングの知られざる歴史。　２２００円

## フォアグラの歴史　《「食」の図書館》
ノーマン・コルパス著　田口未和訳

世界三大珍味のひとつ、フォアグラ。世界中の料理人と美食家を魅了しつづける一方で、鴨やガチョウに大量の餌を与えて肥大させる生産法は議論の的になってきた。高級食材フォアグラの歴史と現在を探る。　２２００円

（価格は税別）